旧雨琼花

粤艺访谈录

广州粤艺发展中心 编

广州新华出版发行集团
广州出版社

图书在版编目（CIP）数据

旧雨琼花 / 广州粤艺发展中心编. —广州：广州出版社，2016. 12
（粤艺访谈录）
ISBN 978-7-5462-2510-4

Ⅰ. ①旧… Ⅱ. ①广… Ⅲ. ①粤剧—文艺工作者—访问记—中国 Ⅳ. ①K825. 78

中国版本图书馆CIP数据核字（2016）第306050号

书　　名　旧雨琼花
　　　　　Jiuyu Qionghua
出版发行　广州出版社
　　　　　（地址：广州市天河区天润路87号9、10楼　邮政编码：510635
　　　　　网址：www.gzcbs.com.cn）
责任编辑　康　燕　蚁燕娟
文字编辑　梁惠明
责任校对　李少芳
装帧设计　广州市友间文化传播有限公司
印刷单位　广州市快美印务有限公司
　　　　　（地址：广州市横枝岗路64号大院自编9号1~4层　邮政编码：510095）
规　　格　787 mm × 1092 mm　1/16
印　　张　13
字　　数　181千
印　　数　1—3000册
版　　次　2016年12月第1版
印　　次　2016年12月第1次
书　　号　ISBN 978-7-5462-2510-4
定　　价　38.00元

《粤艺访谈录》编务组

前　言

随着时间的推移，老一辈粤剧艺术家和相关的从业人员大部分已到垂暮之年，珍藏在他们记忆中与粤剧携手同行的从艺经历、跌宕多姿的人生轨迹及在艺途中邂逅的人和事，对于了解粤剧历史、追寻文化记忆、启发传承思路等方面都有着较大的意义。 因此，赶在时间的前面，以访谈录的形式把他们记忆中的点滴片段记录下来，显得尤为意义深远。

广州粤艺发展中心粤剧研究部自2014年起，采访了一批粤剧演员、编剧、导演、行政干部、音乐人、舞美及关注粤剧文化的社会贤达，并组织专人对他们所陈述的内容进行整理，结集成《岭海风流》《旧雨琼花》《氍毹轶趣》三册《粤艺访谈录》付梓出版。

《粤艺访谈录》以真实记录为宗旨，除了对少量有悖于出版原则的内容略作删减，基本把受访者的言谈内容如实反映在文字之中。通过访谈实录，回顾粤剧艺术的发展道路，观照粤剧及粤剧人在不同历史时期的生存状态，探索艺术与人生际遇和社会发展的关系。

值得一提的是，笔录者在记录访谈内容的同时，对受访者言谈中出现的粤剧行业行话、背语、专业词汇都作出详细的注解，务求让读者在阅读过程中，更好地理解每一位受访者的所感所想，真切地从他们的心路历程中，感受到粤剧人对粤剧事业的执着，体会到他们为粤剧艺术不懈奋斗的艰辛。

每一段访谈结束后，笔录者被受访者对粤剧事业的深挚情感所打动，情结于衷，发之为言，期待与读者分享这份心情。在本书编辑出版过程中，还是有一点遗憾，曾经接受采访的著名编剧秦中英和著名演员新名扬、陈小汉等前辈老师不幸离世，未能见证丛书的问世，但这更加坚定了编者的决心，继续努力、坚持不懈地推进挖掘、整理粤剧传统艺术工作的前行。

另外，特别声明：一、《粤艺访谈录》中的观点，仅代表受访者个人立场，与编辑出版单位无关。二、内文提及的个别人物及事件，由于年代久远，稽考无从，信度有待商榷。三、限于编者水平，书中难免有疏漏不足之处，还望读者海涵。

《粤艺访谈录》编务组

2016年10月

目录

访问者简介

何车

广州粤艺发展中心粤剧研究学者，长期致力于传统粤剧艺术及广府文化的研究工作。曾担任《粤剧大辞典》“表演分编”、“舞台美术”分编主笔，并参与《广东粤剧》申报联合国教科文组织“人类口头非物质文化遗产代表作名录”撰稿、导演工作。

其著作有《戏人戏语》《戏语戏人》《此物最相思》，担任主编包括《戏脉流芳——广州粤剧团六十年剧本选》《图说粤剧》《图说粤剧故事》。

崔振强

广州粤艺发展中心粤剧研究部工作人员，原广州粤剧团演员。长期参与抢救、挖掘、整理粤剧传统艺术，先后参与《戏人戏语》《戏语戏人》《图说粤剧故事》《龙虎武师三百载》等书籍的编辑出版工作。

李颖

广州粤艺发展中心粤剧研究部工作人员，长期参与抢救、挖掘、整理粤剧传统艺术，曾参与《图说粤剧》《图说粤剧故事》《龙虎武师三百载》等书籍的撰稿及编辑出版工作。

访问日期：2014年4月18日
访问地点：广州粤剧大院
受 访 者：秦中英
笔录及整理：李　颖

『白发丹心谱新声』

——秦中英访谈录

秦中英（1925—2015），广东广州人，曾用名秦君赋，粤剧编剧家。年轻时跟剧作家傅炜生学习粤剧写作，编写的第一部粤剧是《张汶祥刺马》。20世纪60年代，先后编写了《绣襦记》《王大儒供状》《朱弁回朝》等剧。这些剧目经著名粤剧演员陈笑风出色演绎，风靡一时，传为经典。80年代，与红线女合作，编写《昭君公主》《白燕迎春》等剧，赢得赞誉，并获得多个奖项。及至退休，秦中英依然活跃在粤剧创作的前线，继续以“高质”“高产”称颂行内。

何　车：秦老师，首先很感谢你接受我们的采访。我们很多观众和内行，对你都很仰慕，很想听你亲口说一些过往的事。我想问问秦老师，你是什么时候入行的？

秦中英：我正式入行，食戏班饭是1954年。

何　车：那你当时年纪也很大了，二十岁？

秦中英：二十多岁了。

何　车：你为什么不读书而入戏行？

秦中英：可能是缘分吧。我爸爸非常讨厌戏班佬，经常说“勤有功，戏无益”，而他自己是不识字的。但事实上神推鬼使、阴差阳错地，我入行食戏班饭。

当时正值“土改”[1]，我家是地主成分，家里什么都被没收了，所以我必须去担柴，否则就没有饭吃。下雨的时候，不能外出担柴，我就在家里写写剧本。我读书时很喜欢粤剧、粤曲，整天听粤曲，小明星、张月儿、张蕙芳、徐柳仙[2]四大女伶的名曲，我全部能背下来。百无聊赖时，就学人家写剧本。我在粤剧界一个人都不认识，当时只是从报纸上知道，有个“华南文联粤剧研究组”。那时，有名的编剧都去香港了，只剩下“四大天王”——杨子静、林仙根、陈卓莹、傅炜生。我就写了一封信，连同两个剧本寄到“华南文联粤剧研究组”，请他们指正。不久以后，就接到傅炜生回信，约我到广州。他问我是跟谁学的，我说我没跟人学，自己创作的。他说看我有点文字根底，曲也比较熟，但我不懂戏，他问我是否想学编剧。我第一句就问能不能“揾饭食”。那时最重要就是食饭。他说要看你自己，做得好，

---

① “土改”是指1950年6月30日，中央人民政府根据新中国成立后的新情况，颁布《中华人民共和国土地改革法》，它规定废除地主阶级封建剥削的土地所有制，实行农民土地所有制。同年冬季起，没收地主的土地，分给无地或少地的农民耕种，也分给地主应得的一份，让他们自己耕种，借以解放农村生产力，发展农业生产，为新中国工业化开辟道路。

② 小明星、张月儿、张蕙芳、徐柳仙是20世纪三四十年代广东曲坛四位最具代表性的平喉女唱家。

不止是饭，连鲍参翅肚都有得食；做得不好，连粥都没得食。于是我就到广州跟傅炜生学编剧。所以带我出身的，是傅炜生老师。我一直都很感激他。后来不久，我就和陈笑风合作。当时，陈笑风刚从新加坡回来，是“当扎”[①]的时候。所以，我和陈笑风是一同起步。陈笑风的爸爸陈天纵（四叔），是很有名的编剧，他很用心教我。因为我写的戏，是给他儿子演的，我写得好，他儿子就演得好。他用心教我，我得益不少。

何　车：你写的第一个剧本是什么？

秦中英：第一个剧本是《张汶祥刺马》。当时我们家住在乡下黄埔南岗，没有公交车可坐，要踩单车出来广州跟傅老师写剧本。有一次，我踩到大沙地时已经满头大汗。路边树头那里有个“飞发佬”[②]，在树头挂了个镜子，帮人理发。他忽然对我说：“你不是秦中英吗？听说你在广州做编剧，我讲个故事给你听吧！”他就讲了《张汶祥刺马》那个故事给我听。后来我把这个故事讲给傅老师听。傅老师说：“这条桥[③]不错。”剧本写出来以后，交给了光华剧团演出，主演是崔子超[④]、古耳峰、蝴蝶女、陈飞燕。《张汶祥刺马》这出戏可以说一炮而红，很适合这四个人演。古耳峰在戏中打南派，当时很少人打南派，所以很抢镜。打藤牌[⑤]时，在舞台上一支枪“标”[⑥]过去，落地时离人的脚只有几寸，一下插在舞台上，枪的尾部还在摇晃，满场喝彩。之后我还给粤剧团写过《三锏倒铜旗》以及林小群、白超鸿主演的《血战榴花塔》《薛刚反唐》。

世事有时候是讲缘分的。我为什么会和陈笑风合作呢？陈

① 粤语中，“扎”表示弹跳、冒蹿的意思，引申为“蹿红”。“当扎”意指在事业上正值力争上游的时候，有“当红”之意。

② 粤语称理发为“飞发”，“飞发佬”即理发匠。

③ “桥”指编剧过程中运用的故事情节、桥段。

④ 崔子超（1913—1987），粤剧演员，擅长武生表演。

⑤ 传统粤剧武打套路。

⑥ 粤语，表示物体以极快的速度从一个点直线移动至另一个点。

笑风那时刚从新加坡回来，卫少芳做班主[1]，娱乐剧团中蒋世勋是文武生，卫少芳是花旦，陈笑风是小生。在排演莫志勤编剧的《白蛇传》时，蒋世勋演许仙，陈笑风演鹿童，一句曲都没有。“法兰西王”[2]找到莫志勤，说：“阿勤，阿风刚从新加坡回来，你要给几句曲他唱才行。”莫志勤怎么回答呢？“四叔，鹿童都不是人，怎么说话啊？”一句话就让“法兰西王”无法反驳。后来陈天纵带子女陈笑风、陈小华、陈小茶[3]组建百花剧团，就找我做编剧。我当时还是“失魂鱼仔”[4]，不知怎么回事，我就开始同四叔和陈笑风合作。那时，我自己还是很差的，全靠四叔手把手教我。

四叔编剧时最大的特点就是善于掌握观众的心理。一个新戏出来，一定要我和他一起坐在下面看，不是看一场，是看十几场，他在下面点评。散场时要我跟着观众出场，从平安戏院到第十甫路，让我跟着人流，听听观众的意见。他说在座谈会上的那些发言，全是假的，只有观众的意见才是真的。戏不好，观众一离场就“妈”[5]了。每晚演戏结束时都让我跟着人流。于是我一直和陈笑风搭档，从东方红剧团、广东粤剧院到广州粤剧团连他的徒弟现在唱的曲都是我编的，我们一直合作得很好。

何　车：没人像你这样“威（厉害）”的，“大细鬼”[6]你都合作过，“大鬼”就是红线女，“细鬼”就是陈笑风。我听说

① 以私人出资组建戏班，负责艺人伙食及薪酬发放的老板，行内称之为班主。

② 英语“France King”与粤语“费孱事倾”（懒得理你）是谐音。“费孱事倾”是陈天纵的口头禅，久而久之“法兰西王”便成了陈的绰号。

③ 陈天纵儿子陈笑风，女儿陈小茶、陈小莎、陈小华均为粤剧演员。他一家有“一代粤剧家”之誉，其中陈小茶丈夫孔壮志、陈小莎丈夫卢海潮、陈小华丈夫罗君超均是粤剧演员。

④ 广东话歇后语，失魂鱼仔——乱咁冲。

⑤ 这里指开口就用粗言指责和批评。

⑥ 原指扑克牌里的大王和小王。此处意指红线女和陈笑风。因两人在广州粤剧团中是最具社会影响力的艺术家，这是剧团众人私底下对两位的昵称。

他们有时候很难相处的，想听听你的经验，你为什么两个都“搞得掂”（相处好）？

秦中英：当中有很多酸甜苦辣，你们不知道。一个人难得老来讲旧事。那些老人家喜欢讲旧事，一讲就“认叻”（自炫有能耐）。我一直都是跟着曾三多、叶弗弱、黄新雪梅[1]等老艺人，和他们一起做班，一起下乡。早上饮茶、中午食饭、晚上食饭，在茶楼和他们聊天时，我就只听，从来不插嘴。和老人家讲话，千万不能质疑，即便明知是假的，是他“认叻”的，你都要点头称是。你一质疑，他就不说了。你什么都说是，他们就乐意讲。陈笑风喜欢说以前他在新加坡同某某一起做《大反鸡林国》，某某又怎样做，他又怎样做的，还把某某的风头都盖住了。你就只需称是，不管他好不好、对不对。世界上，很多东西都是越用越少，只有知识是越用越多。我用的时候就将学到的知识拿出来，你不愿意可以不拿，也不是一定叫你拿的。你越学得多，就越受益。

虽然我出身不算早，但传统排场、古老排场、古老的表演手法我知道得相当多，主要是得益于与老艺人接触，以及和陈笑风、红线女合作。

何　车：我最记得有一次在顺德龙江开会，你的一句话让我印象非常深刻。“乡愿，德之贼也。”[2]我就想“大细鬼”咁难服侍，你都可以“搞掂”他们，我就“搞唔掂”，碰过好多钉了。现在说和谐，当代人真的要学这东西，首先能够“搞掂”他们，比如“神奇老太”[3]，她今天想的和明天做的又不一样。

秦中英：我必须承认一样东西，我们编剧都是搞案头工作，我们缺乏的是舞台经验。演员是有舞台经验的，所以要有思想准备，要听演员意见。陈笑风和红线女有共通的地方，也有不同的地方。两个人对艺术要求同样严格，都很有追求、很有抱负。凡是

① 曾三多、叶弗弱、黄新雪梅均是20世纪30到50年代粤剧著名演员。

② 此句出自孔子《论语·阳货》第十七篇第十三章。

③ 对红线女的戏称，形容其有了不起的能力且点子多。

大艺术家都这样。不同的是，陈笑风比较深沉，红线女比较率直。陈笑风和我是同时成长的，他不会太轻率，不会太率直。红线女就觉得自己比我年长，所以只要有不同意见，她就率直地提出来。

我很少和陈笑风“顶颈”[①]，因为他提的意见都考虑得比较成熟，我一般都可以接受。红线女就比较率直，我就经常和她“顶颈”，“拍枱”[②]都试过。不过，她人很好，“拍枱”两日后，就打电话来，问：“嬲完未啊？”艺术上有点争论是正常的，如果没争论就没进步。

秦中英与红线女、陈笑风合影（前排左起秦中英、红线女、陈笑风；后排左起秦中英太太、陈玲玉、晓毅、陈笑风太太）

其实我很怕和红线女合作，写个剧本给她看，她就会找中山大学、暨南大学的教授来看，看完以后提意见。刚开始我很反感，我说：“女姐，那些大学教授一生学一样东西，历史教授就从历史角度要求你，中文教授就从汉语角度要求你，戏曲教授就

---

① 广府俗语，意思是争吵、争论。

② “枱”在粤语中为“桌子”。

从戏曲角度要求你，我要全学那么多的东西，这个根本做不到。而且，我写的戏不是给大学教授看的，是给市民看的。不是给他们看的，却找他们来提意见，如果不听他们的话，好像不够尊重他们，但若按他们的话去改，戏就没人看了。”但结果还是要迁就她（红线女）。后来发现这样对我的好处很大，逼我读书，逼我充实自己。

我和红线女合作，是“文革”以后，从《昭君公主》开始。以前，红线女演的戏肯定是杨子静、莫汝城、陈冠卿[①]他们写的，但“文革”以后他们都不敢写了。红线女要写《昭君公主》，那找谁呢？陈笑风就提出找我。红线女觉得不太放心：第一，她不熟悉我；第二，我和陈笑风是老友，他肯定会帮着我。于是她就怀疑地问：“秦中英行不行的？”陈笑风就说：“无所谓啦，写出来的戏，你还是要看的，你认为行就做，不行就不做。”后来，《昭君公主》写出来让她过目，她很满意。她还对我说：“我起初不敢找你写的，因为你和陈笑风是老友。”我说：“女姐，不是这样的。一个编剧执起笔，就不会考虑其他东西，该怎么写就怎么写。”

年轻时的红线女（左）与秦中英（右）

① 杨子静、莫汝城、陈冠卿均是原广东粤剧院著名编剧。

何　车：我很佩服你。那部《张汶祥刺马》，演扎了“龟公德”①。

秦中英：一首主题曲，就唱红了那个狱卒的角色。

何　车：你很厉害！广州市第一次出现在剧场唱主题曲，观众热烈鼓掌。这首曲，在戏里面本来是没有的。一个狱卒怎么会唱主题曲呢？

秦中英：这个也是阴差阳错。组织光华剧团的时候，就是古耳峰、崔老四（崔子超）落香港找演员。人员配备齐了，就乘火车回来广州。开车之前，忽然卢龄德（卢龄杰）走过来。原来，他在香港和人打架，拿花盆把一个人打晕了。他不知道那人是不是死了，就要逃亡回来内地。一上火车就说：“四哥这次要你救命啊！”说出原委以后，他求崔子超在剧团给他个位置。但当时剧团“六条柱”②都齐了，只好让他当“通天卡老倌”③。

光华剧团第一个戏是《张汶祥刺马》，角色都安排好了，我说：“四哥怎么办？”崔子超说：“卢龄杰是我兄弟，你无论如何都要给他个位置。”后来想到有一场张汶祥坐牢的戏，可以安排个狱卒给他做。

戏是这样的，曾国藩要毒死张汶祥。狱卒于心不忍，觉得这样的英雄不能被毒死，但不下毒又不能向上头交差，这时他捧着一壶毒酒出来，把心中的不满唱出来，唱到天亮都可以。卢龄杰唱得挺好，靠一支主题曲就唱扎了，以前从来没有这样的例子。

---

① 旧时在妓院中干杂役的男人，一般还充当保安的角色，南方人称此类人为“龟公”。由于卢龄杰擅演此类角色，且别名叫“阿德”，故同行戏称其为“龟公德”。

② 即“六大台柱”。粤剧戏班编制模式，即以六位主要演员负责担纲剧团所有演出剧目的六大主角，就如六条梁柱支撑起剧团的演出，故名“六大台柱”。这“六大台柱”包括武生、文武生、正印花旦、小生、二帮花旦、丑生。

③ 过去戏班宣传海报上演员除了标示名字还需要标注表演行当，后来在某些海报中出现了不标注行当的演员，这种演员一般是有名气的大老倌，被人们称为“通天卡”。

一般都是文武生唱主题曲，哪有“大拉扯”[①]唱主题曲的。所以戏班就是这样，阴差阳错，机缘巧合。

何　车：若是我，我是不肯随意加曲的。秦老师不一样，加一段主题曲，又唱扎了一个演员。

秦中英：回过头来讲讲陈笑风、红线女吧。1984年，第一次去新加坡演出。原本说带《朱弁回朝》去的，但《朱弁回朝》是陈笑风的首本戏，尾场公主是没死的，唱完主题曲后，渔翁救她回来，然后相会。红线女说这样处理不好。公主尾场出来没有用，让她死了算了。陈笑风说：“不行，你死了，我和谁做戏？”两个人在争论，红线女说公主要死，陈笑风说不能死。我不知道该怎样办，于是我建议我们三个人坐下来，商量一个方案，该死就死，不该死就不死。谁知他们两个都说可以，要我照改啦！那我该怎样改啊？没办法。当时杨奎章当文化局长。我就找到他，征求意见。杨局长就说：“你是编剧嘛，你认为怎样好就怎样写咯！”我虽然有权写，但他们也有权不演呀。后来，我准备了两个剧本，一本是死的，一本是不死的，再找到杨局长说这些事，我搞不掂，两个结局都写了，让他来决定。杨奎章也没法子说服他们，最后没办法，就只有不带这个戏去新加坡演出。

所以粤剧的编剧特别惨，夹在大老倌中间，有时候“顺得哥情失嫂意”[②]。最吃亏的还是我们，他不演，你也没办法。

红线女的《昭君公主》要拍电影，导演也请来了让陈笑风饰演男主角，陈笑风说可以，不过他也要拍《绣襦记》。他说在《昭君公主》里，他演“胡须佬”[③]，银幕形象不好看，要做翻

① 表演行当之一，在早期粤剧十大行当中归属“杂”类。“拉扯”在戏班中的地位比“手下”高，但没有固定的扮演角色。多扮演戏中的朝臣、家院、中军、旗牌等角色。

② 直译的意思是让哥哥满意了却得罪了嫂嫂，比喻做事难以让双方都满意。

③ 此处笑指陈笑风在《昭君公主》中扮演的匈奴呼韩邪单于的扮相，需要挂须表演，故称“胡须佬”。

“靓仔”[①]。我跟红线女说，风哥要求拍《绣襦记》，红线女答应了。陈笑风说要先拍《绣襦记》，后拍《昭君公主》。我说先拍什么都一样。他坚持要先拍《绣襦记》。我又去和女姐讲风哥要先拍《绣襦记》。红线女说：“不行啊！《昭君公主》都准备好了，导演也来了。”我又和陈笑风说：“女姐要先拍《昭君公主》，导演都请来了，准备工作都做好了。”他说：“不行，如果先拍《昭君公主》，我就不拍。”然后我就发火了，“不是都一样吗？为什么你这样固执呢？！”陈笑风说：“红线女有些‘绝技’的，她拍完《昭君公主》，说自己生病了，那你怎么办？”最后两个戏都拍不成。所以编剧在大老倌之间是很难做人的。

何　车：能在大老倌之间游刃有余，这也是我服你的地方，你能协调好他们。这些经验就应该留给后辈学习。

秦中英：现在没那么难办了。现在编剧写好了剧本交给导演，由导演搞掂老倌。现在是老倌怕导演，导演可以指挥那些老倌。

何　车：与你比起来，我们算是后辈，以前就有“三名三高”[②]。我们就是“血压高、尿酸高……”反正就是样样都不高，就是病症高。你也是“三高”（高寿、高产、剧本水平高）。还有一“高”，鉴哥[③]七十岁结婚，你就八十多岁高龄才再婚。从养生的角度讲，为什么会这样做呢？

秦中英：关于这事，有一个大干部问过我类似的问题：“你有什么养生秘诀？”我说秘诀是有的，不过你做不到的。他说：“有什么是我做不到的？”我说我是“唔生性”[④]。一个人的衰

① 广府俗语，意为“帅哥”。

② 20世纪60年代，名作家、名演员、名教授和高工资、高稿酬、高奖金的合称。当时属于批判对象。

③ 指著名粤剧演员罗品超，原名罗肇鉴，行内尊称他为鉴哥或鉴叔。

④ 广府俗语，原指不听话，做不应做的事。这里指不意气用事，不执着于抗争、辩理。

老是从心态开始的。我从来不“争”，什么都争，就是不“争气”。不要把社会上的事记在心上。我在农村十几年，挨了不少批斗。后来红线女、陈笑风在中山纪念堂演《刁蛮公主憨驸马》，我把批斗过我的大队干部、大队书记、治保会主任都请出来看戏、吃饭。他们觉得不好意思。我说你们千万不要这样说，你们那时斗我，我是不会放在心上的。那时候，你有你的环境和身份，我有我的环境和身份。“掉转头”①，如果你是“四类分子”，我一样会斗你的。当时你不斗我，你也不行。我们彼此之间没有私人仇怨，都是兄弟，那些都是大环境造成的。所以你斗我，我没放在心上。解放这么久，尽管我是“四类分子”“地主”，但我只给一个女民兵打过一巴掌。那是“土改”的时候，我们夫妇俩被绑在祠堂门口的石柱上。我老婆一直在哭，我说：“你用不着哭，只当做戏就得啦！做戏也会被人绑啊。”当时我不知道背后有个女民兵在。她说“做戏啊嗱。”然后一巴掌就打了过来。

划阶级成分的时候，那时是要公议的。一般没人报自己是地主的。其实那些早就内定了，只是走过场而已。你不承认是地主也不行。我和其他人不一样。被问是什么成分时我直接回答：“地主。”全场大出意料。“你为什么做地主？”我答：“我老窦（父亲）有钱。”“你老窦的钱怎么来的？”我回答：“剥削回来的。”

何　车：你是不是学华嘉②的啊？

秦中英：不知道他学我还是我学他。我比他早啊。我划阶级成分的时候是1953年。

何　车：我见华嘉被人批斗的时候也是这样问他：“你是不是走资派？”华嘉答：“是！我是走资派。我跟夏衍是文艺黑线。”

---

① 广府俗语，意为“互换角色或立场”。

② 华嘉（1919—1996），时任广州市文化局党委书记、局长。

秦中英：这是我总结出的办法。“秦中英，你偷了个井！”“是我偷了个井！”承认了就没事了。

何　车：很多人对我说，秦老师真是够风流。八十岁还结婚，还要摆酒。我想知道，你经常写那些戏，如《王大儒供状》《绣襦记》，什么“赤体蒙尘”之类的，和这个有没有关系？如果你对真爱没有真挚情感，很难写出这样的东西。去年，我导演你的《王大儒供状》，一边排戏一边惊叹：“这样的文词都能‘出街’[①]的？”我的思想还没你那么开放。我让女主角穿件背心上场都不敢。这两者有关系吗？

《王大儒供状》剧照

秦中英：其实，没什么关系的。生活中，男人要找女人，女人要找男人，这是每个人都一样的。我并不特殊，其实与你一样。我八十多岁，那就不算是娶老婆了，只是找一个人来照顾自己而已。我身边什么亲人都没有，没有人照顾是过不了日子的。有很多事，请保姆也是不能解决的，所以一定要找个老婆。为什么有些事老婆可以做，保姆不可以做？因为保姆，你给多少钱，有些事还是不愿做的。老婆不一样，我和她结婚，我死了就什么都是她的了。

① 此处意为“对大众说出”。

何　车：的确，我觉得自从秦太细心照料后，你的身体状况也不一样了。

秦中英：好很多。她很用心照顾我，也管得多一点。在起居饮食上，我往时是喜欢吃什么就吃什么，不考虑后果。我认为，如果样样都不能吃，长几年命也没用，但现在就不行了。她不买，我就没得吃了。争论起来，她就会说："你要顾着我才行，你死了我怎么办？"我又很难说出口："我死了，你就再嫁啰。"

何　车：你也经常听见，以前女姐每逢开会就说粤剧没编剧，也没人肯做编剧。我觉得其实也不是。你的学生跟你学写戏，也有些剧本出来。站在你的角度，作为行业泰斗，你对后辈编剧有什么期望？目前粤剧在编剧方面存在的状况是所有政府投钱的重点戏都找外省人编剧，你有什么建议呢？

秦中英：目前的状况很可悲。有客观原因，社会的娱乐方式多了，看戏的人少了，年轻人又不喜欢看戏。其实以前粤剧也经历过类似的情况，我记得有声电影刚兴起的时候，个个都去看电影，又便宜又新鲜。

何　车：秦老师，我想听听你对粤剧现状的意见，以你现在的江湖地位，对后辈有什么期望？怎样才能成为好的粤剧编剧？

秦中英：现在不是没人学编剧，也不是没编剧，而是没有粤剧编剧。培养一个编剧主要不是靠课堂，而是要在剧团培养，要在舞台实践中培养。以前文化局就搞过五届编剧学习班，也培养出不少人，但没有一个能留在编剧队伍。最近，广东省委非常重视此事，和中山大学合作搞了个研究生班，三年过后，有没有出人才呢？有。但那些人放在剧团，不太管用，不太合适。所以这是一个很危险或者很吃亏的现象。现在剧团不养编剧了，这是我们现在培养不到流派的原因，而且我们的领导和行内的大演员都不自觉。

编剧和演员，是鱼和水的关系。旧时的大老倌是很重视编剧的。陈天纵是编剧之王。马师曾和班主说定，一定要请陈天纵做编剧，他才肯来。马师曾工资多少，陈天纵工资就是多少。当时，马师曾三百元一年，一订订两年，陈天纵也是同样待遇。旧时的流派，无论是薛、马、桂、廖、白[①]，还是风腔、虾腔、红腔之类，它的形成离不开编剧。看一个剧种的档次和兴衰，不是看它属省还是属市的，而是要看它有多少大老倌，大老倌达到什么水平档次。要使大老倌达到一定档次，必须形成流派，有代表作品、曲目，代表曲目要有很多人传唱。现在我们的大老倌，包括丁凡[②]、倪惠英之类的一流老倌，有哪个戏是他的代表作，有哪首曲是广泛传唱的？如果形成不了流派，得不到观众认同的话，要振兴一个剧种很困难。

大老倌是靠戏，剧团是靠大老倌，但我们很多人没能转过弯来。我和深圳剧团团长谈到，为什么不让苏春梅拿“梅花奖”？我说拿“梅花奖”，不止是她个人的光荣，还是你整个剧团水平的体现。剧团拥有“梅花奖”演员的多少，代表剧团的档次。但他怎样回答我的呢？他说：“秦老师，你不知道啦！那些家伙，你捧红他，他就不听你的话了。”他们是要培养一些听话的“奴才”，而不是人才。

作为编剧，要熟悉演员的戏路，按他们的艺术特长，给他们度身定做。让演员们在这个戏里面挥洒自如，表演才能得到充分发挥。以前，观众整场都是看着大老倌一个人。编剧要有这样的本领，让演员一出场，就能把全场的眼球吸引住。这样老倌就出名了，剧种就兴旺了。我们现在的编剧、领导，不是按演员特长写戏，即便写出好的剧本，也不知找谁演。戏曲有戏曲的特点，剧本一定要是度身定做，为演员服务。电影编剧、电视编剧、话剧编剧，写好剧本以后，导演会全世界去找演员。我们不一样，这个剧院是欧凯明、崔玉梅为主演，没得变，一定要为他们服务。

---

① 20世纪由媒体和观众认可的粤剧五个表演流派。“薛”是薛觉先，“马”是马师曾，“桂”是桂名扬，“廖”是廖侠怀，“白”是白驹荣。

② 丁凡，著名粤剧演员，现任广东粤剧院院长。

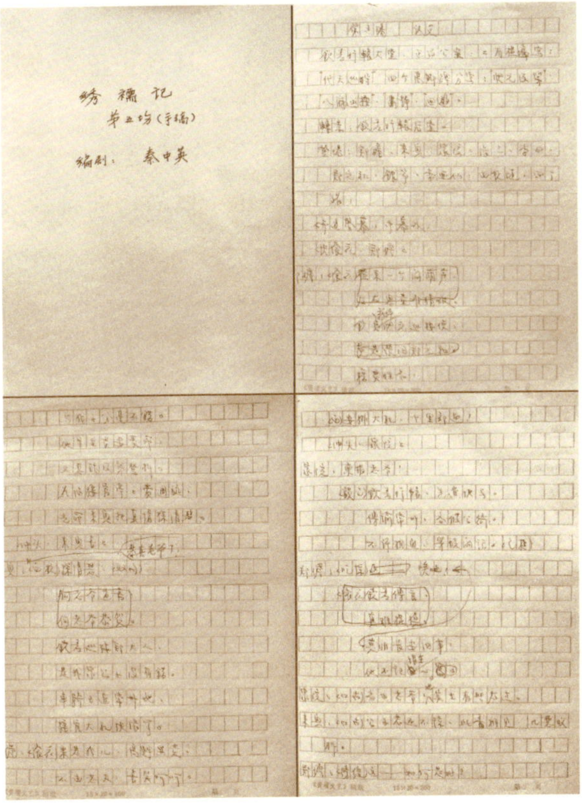

《绣襦记》手稿

另外，必须明确，所谓“戏曲”，戏占一半，曲占一半。现在我们的编剧，注重“度桥”①，不注重写曲。“度桥”也不注意“曲”字，太直。戏曲、戏曲，要“曲”，太直，看头就知尾是不行的。第一点是没“曲直”的“曲”，第二点是没“唱曲”的“曲”。近几年，省市剧院演的剧目，有哪些曲是在社会上流行的呢？没有！现在有哪个老倌的首本曲被人传唱呢？没有！现在的年轻人，包括学编剧的年轻人，都不喜欢看书。编剧要把唐诗、宋词、元曲、古典名著，读到烂熟。为什么我写曲、写剧本

① 广府俗语，指想办法、出计谋。行内称揣度、构筑戏剧情节为“度桥”，也称“度戏”。

都比人家快？因为我读得多、读得熟，真真正正“成寸厚”的一本，我可以从头背到尾。读熟古典文学、读熟诗词歌赋，曲就来找你了。编剧时一进入那种意境，这个演员是什么身份，带什么情绪出场，出场做什么，这些确定了以后，曲就来找你，你写就是了。

曲的要素，首先是要成一句话，串起来要成一篇文章。其次，曲的意义、内容要和演员的身份、情绪、背景，当时出场干什么等吻合，最后唱出来要顺口，必须合乐合律。现在的编剧，包括梁郁南①在内，写出来的曲都不及格，因为唱不顺，难唱就不好听。曲写得不顺，演员难上口、难记曲、难露字，很难每个字都被观众听清楚。曲不露字，演员不喜欢唱，观众更不喜欢听。这是目前我们编剧界一个很大的缺点，他们都没注意到。所以说，我们现在不是没有编剧，而是没有粤剧编剧，他们连把曲写好都没做到。

何　车：你刚才说的，我深有同感。你说“不注意”是比较客气了，其实很多编剧是不会写的。秦老师，你积累了几十年的功力，文思才能涌上来。你弟弟②当编剧也有好几十年了，编剧时在文字上还有些不通的地方。正如你刚才说，要真懂才行，不要不懂就去做。一首“走过了离离青草”③，现在仍在传唱，好几个戏曲大赛都有人唱这首曲。我觉得作者必须要有这样的功力。另外，有一件事给我的印象很深。我第一次排你的戏，是阿卿和阿祺④主演的戏，我觉得人物这样出场不太好，我就打电话给你，征求你的意见，你当时第一句就是“蔡孝本（何车），你

① 梁郁南，广州市文艺创作研究院国家一级编剧。其代表作有长剧《金陵残梦》《睿王与庄妃》《土缘》《花月影》《梦惊西游》等。

② 秦太英（1941—2008），秦中英胞弟，广州粤剧团国家二级编剧。其代表作有长剧《昌华公主》（与秦中英合作）、《魔水之恋》《南海神庙》《南越王后》及短剧《七姑奶开店》《活捉张三郎》等。

③ 秦中英代表作《昭君公主》中“昭君塞上曲”唱段的第一句。

④ 指当年广州粤剧二团的正印花旦梁淑卿和正印文武生钟康祺。

又不是卖缸瓦的，不行你就改咯！”我心里是有点顾虑的。像前辈“癫三”[①]，他是“改头不改字”[②]的。没想到你第一句就是“你又不是卖缸瓦的”。还有一次，就是你批评何建青[③]。何建青在很激愤地批评一个戏，你说：“你又不是卖缸瓦的，你觉得它不行，你就再写一个冚[④]它咯！”真是经典！这样既反映一个客观规律，又反映了你做人的态度。我很想听听你说这类趣闻轶事。你是怎样看待这些事情的？

秦中英：我刚才说过，首先要承认自己有不足。我不承认自己有什么成就。因为作为编剧，要懂的东西很多，而我们自己实际上懂得很少。所以，我现在读书都非常勤力，一有空就看书。我除了写曲以外，对什么都不感兴趣。没应酬、没活动，连朋友都没有。一辈子的精力都是放在读书写曲上。要承认自己舞台经验不足，从来演员都喜欢和我合作，你刚才提过，红线女、陈笑风，很多人都说他们难相处，为什么我能够和他们合作几十年，从头到尾都合作得这么好呢？很大一个原因，是我肯改曲。他们有什么意见，我都慎重考虑，即使我不按照他们的意见改，我都会说服他们。这就是承认自己的不足。

还有，就是相信我们的合作者。这点很重要。再有，尊重自己的合作者。创作上的事，是不分前辈后辈的。所谓前辈，只不过是比你多做了几年的人，但我们最缺乏的，就是活跃的想象。我们不及年轻人，年轻人的思维很活跃。我们受了几十年条条框框的限制，想象力是比不上年轻人的，所以要相信对方。即使我和年轻人合作，我也很尊重他们的意见，比如《青春作伴》[⑤]就是我和几个学生一起写的。我告诉他们，我只不过是比他们多做

① 原广州粤剧团编剧何建青的绰号。

② 何建青的口头禅，意指宁愿改头也不改曲。

③ 何建青（1927—2010），广州粤剧团编剧。

④ 广东俗字，读音为“hem⁶”，意思是覆盖、罩住。此处为超越之意。

⑤ 由青年编剧余楚杏执笔，秦中英与几位年轻编剧联合编撰的现代粤剧。

几年人。那个戏之所以很成功，拿了很多奖，就是因为我们合作得好，听他们的意见。合作时要相信我们的合作者、尊重我们的合作者，才能合作愉快。愉快就无所顾忌，我在你面前畅所欲言，你在我面前直抒己见，讲得不好就拍枱，拍完枱又没事了。

何　车：现在不知道是不是社会的氛围问题，很多机会都是庸者上。

秦中英：这有很多原因。第一个，正如我刚才说的，你捧红他，他就不听你话了。第二个是文人相轻，一般都是“自己文章”[①]。在艺术上，特别是演戏的人，不会承认自己不行的。行内的老倌我基本上都合作过，但没听过哪个老倌说自己不行的。编剧还有一个难处，老倌不说自己不行，只会说戏不适合他演，他要求你改。何建青算是很有才，是才华横溢的一个人，但没人排他的戏。因为他就是这样，你提意见他就骂，一个字都不肯改，“改头不改戏”。老倌是不会承认自己不行的，他认为不好，我们编剧就只有改。有才华的人不容易立足，这也是有客观原因的。

何　车：这和我们总体的文化观念有关系。“木秀于林风必摧之。”

秦中英：总体文化氛围，这个自古以来都这样。加上有才华的人，总会有点个性。

何　车：今天和秦老师聊天，很受教。给我们读者、后辈很多有益的启迪。希望以后继续有机会向秦老师请教，多谢你！

秦中英：多谢！

---

① 广府俗语，“自己文章——人哋老婆”，指出人的通病总是盲目自大地觉得自己的文章无懈可击，又盲目自卑地觉得人家的老婆总比自己的好。

秦中英（前排左二）、何车（前排左三）与《访谈录》编务组工作人员合照

访谈感悟

作为秦中英老师访谈资料的整理人，从他访谈的字里行间，我深深感受到一个老编剧对粤剧诚挚的情感，以及对粤剧编剧匮缺、行业缺乏发展动力现状的深重忧患。秦老师从编剧对剧种振兴的重要性、编剧所要具备的素质、编剧的培养等多个方面，对目前粤剧所面临的困境进行剖析，发人深省。培养粤剧编剧，解决粤剧当前编剧匮缺的尴尬局面，不在口号之间，而是必须要掌握粤剧编剧的特点及粤剧自身固有的规律，从每一个细节抓起。

另外，年届耄耋的秦老师，其睿智豁达的人生态度，也让我感触良多。秦老师一路走来，在新中国成立初期的政治运动中，尝遍人生百味，但他始终怀抱"一蓑烟雨任平生"的态度，淡看人生起落，即便对着"文革"期间欺侮过他的人，也能一笑泯恩仇。我想，这种博大磊落的人格基调，为秦老师的才情提供了一片恣意流淌的精神土壤，也许，这便是他时至高龄创作灵感却不涸的原因所在吧。

李颖

访问日期：2014年6月5日
访问地点：广州粤剧大院
受 访 者：新名扬（谈康）
笔录及整理：梁嘉琪

『古调重翻新名扬』

——新名扬访谈录

新名扬（1931—2016），原名谈康，广东顺德大良人。父亲谈厚和曾在顺德清晖园做管家。其父去世后，家遇抢掠变穷困，为生计跟其哥哥入戏行。入戏行后从最底层做起，为以后的表演奠定了坚实的基础，积累了丰富的经验。后以“神童”做宣传，专门演童角戏，长大后担任文武生，以演文戏见长。习何非凡、新马师曾、薛觉先等名家唱腔。演出较为成功的剧目有《仕林祭塔》《十三岁封王》《甘罗十二为丞相》《红孩儿》《方世玉打擂台》《哪吒闹东海》等。后任广东粤剧学校教戏老师，教授过不少学生，桃李满天下。

新名扬曾得粤剧名家薛觉先的指点，使其终身受益。他与著名粤剧演员郎筠玉演出《仕林祭塔》，其饰演的仕林被郎筠玉认为是在与她合作过的众多扮演她“儿子”的演员中演得最好的一位。

新名扬与妻子陈少珍同为粤剧演员，于1952年结婚，相伴六十四载，忠贞不渝，他们相互扶持、相互尊重、相濡以沫，在戏行内传为佳话。

何　车：康哥，你好！

新名扬：你好！

何　车：非常欢迎你参加我们这个访谈！我一直想向你学习，但又没有机会。

新名扬：不要这样说，最怕不能够如你所愿啊。

何　车：你在粤剧学校当老师的时候，你的学生来到剧团，我问他们老师是谁。他们说是“谈康”。我问谈康是谁。我真的不知道谁是“谈康”。我那时不认识你，请不要见怪。后来一查，原来是新名扬。新名扬我肯定认识啦，早就看过他的戏啦。

新名扬：我讲一段笑话给你听，加拿大有一位叫刘耀泉的先生，是香港《星岛日报》的记者，他专门收集桂名扬[①]的资料，有一次来粤剧学校找桂名扬。学校有位老师很热情地说：“请等等。”她把我叫了出去，他一看，我不是桂名扬，是新名扬。那位老师搞错了，把新名扬当成了桂名扬。

何　车：哦。那我们转到正题，我们薛、马、桂、廖、白中有桂名扬，他不是粤剧世家出身，是名门之后，他的叔叔是翰林，祖父又是京官，桂家祖上是很厉害的。

新名扬：肯定啦。

何　车：我想问一下，你的艺名叫“新名扬”，是否和桂名扬有关系，你是不是桂名扬的弟子呢？

新名扬：不是，失礼、失礼！

何　车：好，那就讲段“古”[②]来听听吧。

新名扬：如果讲到出身，我就很失礼了。以前的人讲“唔穷就唔做戏”[③]，我是正牌顺德大良人。

何　车：哈哈，顺德“阿嘅”[④]。

① 桂名扬（1909—1959），是20世纪粤剧五大流派代表之一。

② 广府俗语，意为“故事”。

③ 旧时戏行人多数因家境贫困而投身戏班以求温饱，故有“唔穷唔做戏”之说。

④ 顺德话惯常口音，意为“那个”。

新名扬：是啊。父亲不是很富有，在清晖园[①]做管家。

何　车：那已经很厉害了！

新名扬：那个时候应该是啦，后来他去世了。不久，日本侵略中国，我们生活很艰辛，家里的东西都被贼抢光了，没饭吃了，靠母亲和大姐卖瓜菜度日。我大姐很喜欢听粤曲，幸好家里还有一台留声机，经常播放薛觉先和以前那些前辈的曲。

何　车：哦，是那些旧曲子。

新名扬：一说你就知道了。我们小时候很喜欢听那些曲。后来我大姐就嫁给了陈超武，他是演戏的，我哥哥就跟姐夫出来演戏。后来是哥哥带我出身的，我就这样入了戏行。

年少时的新名扬

何　车：跟你哥哥？

新名扬：是的，谈笑风[②]。

何　车：哦，谈笑风，我知道他后来去湛江了。那你为什么又改名为“新名扬”呢？

---

① 广东四大园林之一，位于顺德。

② 谈笑风（生卒年不详），粤剧演员。

新名扬：现在你问起来，我自己也不是很清楚。

何　车：不是吧？连自己的名字都不清楚。

新名扬：是啊，以前没艺名的嘛，我从最底层的“堂旦”“手下”“拉扯”做起。到开始会演戏的时候，没有艺名不行啊，那就随便写一个“谈少康”上去。为什么会有“新名扬”这个名字呢？当时我姐夫很重视培养我，他知道我演戏有点灵气，就说：“这样不行的哦，你当演员没艺名怎么行呢？”那就找人给我起艺名，到底是谁起的我也不知道。其实我没有看过桂名扬演出，亦不是他的弟子，也不是他的亲戚朋友，只是知道有这个人，这叫作“叠老倌的名”。

何　车：那时没有姓名权的，哈哈。

新名扬：没有的。以前莫志勤①专门给别人改名，究竟是不是他改的，我也不知道。他跟我大哥讲，当演员没有艺名不行的，不如改名叫“谈燕青”啦。后来有人讲“燕青”是乞丐来的，“浪子燕青”，不行不行！后来再给我大哥改为“谈笑风”，“谈笑风”这个名字就好。

何　车：就是莫志勤起的。

新名扬：是的。到底我这个名是不是他给我起的呢，我也不知道。

何　车：连自己的艺名是谁改的都不知道。

新名扬：因为你要演戏，没有艺名是不行的。

何　车：你跟谈笑风演戏，最初是在哪里演呢？是在什么班？

新名扬：一讲起这些就“水蛇春咁长”②啊。我一入行就跟戏班去大岗东流戏院演出，那里基本上整年都在演戏，是靠赌、烟、嫖赚钱的。

何　车：黄赌毒都齐了。

① 莫志勤（1924—1966），著名粤剧编剧。

② 广府俗语，指事情的来龙去脉十分冗长。“春”在粤语中有“卵”的意思，“水蛇春”即“水蛇卵”，因其形状为长条形，故有“水蛇春咁长”之说。

新名扬：是的。多数是晚上演出，日场很少。我哥在戏班当“手下”。后来他就叫我跟他在剧团混口饭吃。

何　车：去做“饭枳”①。

新名扬：是啊，做“饭枳”。你不能够坐在那里光吃饭不干活呀，只能被剧团的人使唤干活。班主还叫我们两个“曬仔”②抬宣传牌卖广告，担头那位就打锣，担尾那个就打鼓，从东流行到大岗，村过村，来回走几个钟。班主又叫我做“地方鬼”。你知道“地方鬼”是做什么的啦？在剧团叫人食饭、上台的杂役，“地方鬼”这个职位，一般剧团是没有的。

何　车：那时“红船班”③有。

新名扬：以前就有。他的职责是到了起床的时候叫老倌起床，开饭前就叫老倌吃饭，到上台时就叫老倌上台。还有在演出期间，比如某某演员，还有两场戏就轮到他了，但他还没到舞台，你就要跑去找他了。所以做“地方鬼”一定要很精灵、很熟行才行。整班有几十个人，每个人叫什么名字，哪个叫什么叔的，你不知道怎么找呀？“曬仔，你去烟馆找某某阿叔啦。”那就要赶紧去了，找到他就告诉他还有两场就到他了，快点回去吧。

何　车：他还在吹④吧？

新名扬：是啊。要不就赌钱啦，或者睡觉。唉，做“地方鬼”最惨的是狂风暴雨都要去找人，走来走去，又冻又饿，又无时间睡觉，又要做“三出头”，连“天光戏”⑤都要做杂工。

何　车：挨了很多苦啊！

---

① 原指吃饭时拼命地填塞食相。过去戏班里随师学艺的艺童，只食饭不参加工作，适逢长身体的年龄，吃饭时难免快吃多吃，于是这些艺童被称为“饭枳”。枳读音为“zed¹”。

② 广府俗语，指年轻男孩。

③ 以红船为栖息地和交通工具的粤剧本地班。

④ 此处是“吸”的意思，指演员还在吸食大烟。

⑤ 粤剧特有的乡间神功戏，谓“连绵不断”的吉利意思，由主会订子夜到黎明（天光）这段时间，台上一直要有戏演。

新名扬：是啊，挨得惨啊！最惨的是在“天光戏”时叫人上台，以前你知道啦，烟馆离舞台好远的，半夜三更，什么照明物都没有，灯笼和电筒都没有的，我那时候真的是连鬼都不怕啊，都不知道有鬼。

何　车：黑泥白石光水氹①。

新名扬：是啊。就这样又过去了一段时间，后来因为自己勤奋，得到一些叔父②赏识：“嚫仔，不如参加练功啦！”那时我连练什么功都不知道的。至于是哪些老前辈，我说出来你就认识了，有梁家森。

何　车：我认识，“大翻森”叔。

新名扬：是的。他在那里当“打武家”③，另外有个叔父做武生的，叫华云峰，他每朝一早起来就拿着一支藤条站在台口，等那些小孩练功。那时没有强迫，你喜欢就练，不喜欢就不练。所谓练功就是“鞠鱼”④，打“半边月”⑤，“抽藤条”⑥，碌“有头鸡”⑦，就学这些基本功。打武家要学很多东西的，后来想不如“趯兵”⑧啦，但又不够高，那就只有当“堂旦”了。但

---

① 以前粤剧艺人下乡演出时，没有电灯、手电筒等照明工具在摸黑赶路时总结的经验，黑色一片的就是泥，白色的是石板、石块，反光的地方就是水氹。

② “父”读音为“fu^2”，“叔父”一词原是三合会内对辈分较高、资格较老的人的称呼，这种称呼传到戏班，用于称呼那些年纪较大、舞台经验丰富、有一定威信的老艺人。后来引申为对戏行内长辈的敬称。

③ 粤剧舞台上专门负责打跟斗的演员的别称，也称为“五军虎”或“龙虎武师”。

④ 粤剧基础训练项目“俯卧撑”的俗称。

⑤ 粤剧基础训练项目“侧手翻”的俗称。

⑥ 粤剧基础训练项目“腾空抱膝弹跳”的俗称。

⑦ 粤剧基础训练项目“前滚翻”的俗称。

⑧ 戏班术语，指戏班群角演员在演出中担当“兵”的角色。“趯”在粤语中有“走”的意思，而舞台上的“兵”经常需要参与较大的舞台调度，他们“走走趯趯”，故称“趯兵”。

当“堂旦”要懂表演程式的，例如一般的“企栋”①，一、二、三、四，最后的那一个，一走出来就不用动，这个就最简单的啦。什么叫“企栋”，什么叫“花开门”②“圆台”“开巷”等等，总之这些最基本的排场都要学。得到他们的教导，我真的做了“堂旦”。做“堂旦”要穿以前叫 “眼瞓衣”③的戏服，四个“堂旦”在台口打瞌睡。

何　车：一场“大审戏”④，哈哈哈。

新名扬：我就伏在台上的椅背后睡着，睡到演员都全入场了，我还在那里。等到“杂箱”⑤要拿张椅子换位置时，我就低着头溜进后台，就这样开始学戏了。

何　车：这些我们就没有试过，最多就是演出时太困了，拿一条盘龙棍顶在这里（胸前）“瞌眼瞓”。

新名扬：我个子矮，观众看不到嘛，我就躲在椅子的靠背后面。

何　车：那时学戏挺辛苦的。

新名扬：练功也是，你“鞠鱼”“抽藤条”，初时由这里（脚）抽到这里（喉咙），最高抽到这里（鼻子），那就有希望了。森叔要我打“半边月”“破米”⑥，后来就学“有手半

① 舞台调度。舞台上官员升堂理事或皇帝登殿等场面，由堂旦扮演的衙差或太监就按“花开门”的调度先行上场，然后站到舞台的两侧候命，故行内借用了“栋笃企”这个日常用语，并将它倒置过来称这种舞台调度为“企栋”。

② 舞台调度。京剧称“站门”。一般为古代官员升堂理事或将帅升帐，属下的衙差、兵丁先行上场伺候的过程。

③ 由于饰演衙差的演员一般一动不动地站在舞台上，时间久了便觉得困了，广府俗语称“眼瞓”。所以衙差服被称为“眼瞓衣”。

④ 指剧情为开堂审案的戏。

⑤ 戏班盛放盔头、须口、靴鞋等道具的木箱。现多称“道具箱”。也指管理“杂箱”的人。

⑥ 粤剧打武棚跟斗。

边月”[①]。当时有个文武生叫张笑风，花名叫“飞机虾”，虾哥[②]见我比较听话，就教我唱【中板】四六句、【滚花】、【白榄】等，又教我打“手桥”“打四星”[③]等基本功。他是我没有正式跪地拜师的师父。哥哥谈笑风那时到别的戏班演戏，留下我在东流戏院。后来戏班解散，虾哥带我出广州，我就住在他家跟他“开班”。广州沦陷时期，我们没有戏做，生活艰难，虾哥就帮我寻到姐夫，以后我就跟随姐夫“开班”，不久就开始真正演戏了。

何　车：做戏出名了，先跟哪个班呢？

新名扬：如果说真正出名，是做“神童”[④]时，那时开始要演戏了，什么戏给我我都演，我姐夫陈超武在艺术上很有才华，你问孔宪珠就知道了。

何　车：哦，是“沙嬲猪”[⑤]。

新名扬：是的。我姐夫是“度桥”的，全部“提纲戏”[⑥]都在他肚子里。他说：“你当‘神童’，你不担[⑦]一套戏不行的。”“那担什么呀？”我问。

何　车：《十三岁封王》。

新名扬：还没到啊。

何　车：还没到？

新名扬：你猜演什么呀？演《石鬼仔封王》。我就叫“神童石鬼仔”，就从那时候起做“神童”担戏。

何　车：那时你几岁呀？

---

① 粤剧打武棚跟斗。

② 这里指“飞机虾”。

③ “手桥”是南派徒手搏击的统称。“打四星”是粤剧武打程式组合。

④ 指担任主角的少年。

⑤ 粤剧演员孔宪珠的绰号，粤语中原是形容调皮好动、老练且有主见的小孩。

⑥ 20世纪30年代或以前粤剧演出的形式。演员以戏班“开戏师爷”（编剧）所写的提纲作为演出的依据，这种方式演出的戏，称为提纲戏。提纲只提示剧情大概、演员剧中身份、布景、道具及演员上场的锣鼓点。

⑦ 戏班术语，指担纲主演。

新名扬：十几岁吧。

何　车：就是一早踏台板（正式出台演戏），十几岁就担戏。

新名扬：是啊。在韶关曲江的醒群戏院演戏，在那个地方不是演几天的戏，而是要整个月在那里演，不拉箱的。我虽然是“神童”，但不是每晚都是我担的，还有那些大老倌，如梁三郎（梁耀安[①]的父亲）、花旦黄露霜等。后来我想还是不要“石鬼仔”这个名字了，“石鬼仔”那么难听，起过一个新名啦，以后叫“新名扬”了。

新名扬年少演戏上妆照

何　车：一直“新名扬”就“新”到现在了。

新名扬：是的。

何　车：在粤剧学校那段时间断了？

新名扬：那段时间没办法啦，因为那个时候女姐都不叫“红线女”，叫“邝老师”嘛。

何　车：是啊，她叫邝健廉[②]。

新名扬：大家不叫“红老师”的，都叫她“邝老师”。

何　车：当时全部都改回原名了。所以我想来想去，究竟谈老师是哪位前辈呢？哈哈，原来有那么一段古在里面。你有没有正式拜过师呢？

新名扬：没有正式拜过师，但我学习的前辈就很多。以前当“手下”就不用说啦，站在毯边，哪个老倌怎样表演都看得一清

① 梁耀安，著名粤剧演员。

② 著名粤剧演员红线女的原名。

二楚，从中就学到很多表演排场。一要多看，二要留心，就会明白。《斩二王》是这样的，《大闹青竹寺》是那样的，《西河会》又是怎样的，《武松杀嫂》那场“戏叔”又是怎样的，这些排场虽然我没有参与表演，但我全看在眼内了。

何　车：说实话，“企毯边”[①]挺好的，能偷到师。以前你站在“虎度门”[②]看戏，很多时候那些阿哥、阿姐[③]走过来说一两句奚落你：“阿哥，我刚才那句对不对呀？”那你就麻烦了，哈哈。

新名扬：是啊。还有，以前很多都是“提纲戏”，一演“提纲戏”就很辛苦了。

何　车：要“爆肚”[④]啦，呵呵。

新名扬：是啊，需要“爆肚”。“开戏师爷”只是将整个戏的那么多场的内容讲了，但是自己出场要唱什么都不知道。

何　车：你“劈”[⑤]惯了。

新名扬：“劈”惯了就随时“爆肚”都不怕。另外，“爆肚”有时候就是偷曲，比如我们那时学薛觉先唱“懒步恹恹”[⑥]，我就全段移到剧中唱出来，观众不知道什么是“懒步恹恹”，总之能唱就行了。

何　车：那时还讲究韵，如果再早一点，那些前辈唱官话，你都不知道他唱什么呢，哈哈。

新名扬：讲韵脚就可以了，你唱什么韵，我接什么韵。你唱【滚花】，你交给我，我也唱【滚花】。

---

① 戏班术语。“手下”演员经过舞台调度后一般分站在舞台两侧，多处于舞台地毯边缘位置，故称“企毯边”。

② 戏班术语。是戏台两侧的出入口。

③ 戏行对剧团中担纲主演的男女主角演员的称呼。

④ 戏班术语。这里指没有剧本，全靠自己即兴自编唱词。

⑤ 劈柴时，经常会遇到一些纹路不规则的柴，需要花大力气才能劈开。戏行中人渐渐用“劈”字来形容完成演出任务需要花大力气，如把从未演过的戏剧马上攻克下来，就可以称之为“劈”。

⑥ 粤剧《范蠡献西施》之“苎萝访艳”中范蠡所唱“倦寻芳”的首句。

何　车：我唱上句，你就唱下句。

新名扬：哈哈，是啊。还有，如果你唱完上句就入场、落幕，那些师父就会问你："留到宵夜呀？不唱下句你就入场！"①哈哈。

何　车：现在演戏就经常不分上下句了，真的，你看看那些改革戏吧。你问他为什么会这样，我们的导演就会说："我都不懂，观众又怎会懂呢？"这是真的啊！所以，我们说戏剧就是"戴着手铐、脚镣跳舞"。无规矩不成方圆。你接连三句都是上句就不行了。

你什么时候开始正式担戏呢？除了做"神童"外，什么时候开始演戏呢？

新名扬：做"神童"本身就是演戏啦。

何　车：但那些不是整晚都是你演的嘛。

新名扬：你要担得才行啊。1947年我去湛江，那时叫"广州湾"，到那里演出像过埠一样，要坐那些大的铁船，我们在船舱铺一张席子，看不到天的，就像"拉猪仔"一样。

何　车：坐船去湛江要一整天才到的。

新名扬：那段时间演戏的机会比较多，担的戏也比较多，如《十三岁封王》《甘罗十二为丞相》《红孩儿》《方世玉打擂台》《哪吒闹东海》。《哪吒闹东海》没有剧本的，是"提纲戏"，需要"爆肚"，我姐夫就演托塔天王李靖，他用手举起宝塔，用脚踩着哪吒【数白榄】："小畜生，真胆够，敢同老窦斗，举宝塔，将你收，呢回你仲走！"我就"爆肚"："老窦啊老窦，你千祈唔好嬲，你拎开果个塔，慢慢先至瘔啦。"他没想到我会这样回答，他拿着那个塔居然说不出话，全场笑起来了。观众看见觉得厉害啊，使劲拍掌，我就伸伸舌头下场了。他下场后就对我说："你个死嘣仔，整个塔比我瘔？！"所以"爆肚"是事先没有设计好的，都是靠机灵，临场发挥。

① 粤剧板腔规律，曲词有上下句，演员要唱完下句才算完成唱段，才可以下场。

何　车：靠急才，哈哈。

新名扬：靠急才、口才。如果他的韵脚不是“ou”韵，你就不能“痞”了，是吧？

何　车：是的。康哥，你那时候究竟归武那边，还是归文那边呢？[①]你现在说的这些很多都是武戏。

新名扬：我喜欢文戏，而且文戏我还喜欢演穷生[②]，就是给别人欺负，欺负到垂头丧气那种，我和太太陈少珍演《珍珠塔》就合适了。我就是喜欢演那种角色，喜欢演带有苦情味的戏，演武戏我不够高大。

何　车：但你演的戏给我印象比较深的就是《仕林祭塔》。

新名扬：我在舞台上演了几十年，对我来说，从“堂旦”“手下”“拉扯”“地方鬼”等下层做起，从做“天光戏”一直做到现在，我都很满足。因为我没有后台，都是靠自己。1948年我从湛江回来，没有班做，幸得有“福哥”孔壮志当时在大龙凤剧团做武打演员，每晚带我去看戏偷师。大龙凤剧团由新马师曾、芳艳芬[③]担纲，我就看祥哥他们演《媚香楼》《宝玉哭晴雯》《胡不归》《夜祭雷峰塔》等。后来我又跟剧团的人到太平戏院看新星剧团靓次伯、任剑辉[④]、陈艳侬、白雪仙[⑤]、欧阳俭等演员演出的《红楼梦》。我无钱买票，为了学戏就同守门的讲：“（我是）戏班的（人）。”然后就可以入戏院看非凡响剧团何

① 这里意思是问擅长演文戏还是武戏。

② 传统戏曲角色行当，小生的一种。通常是没有及第的寒酸文人。

③ 新马师曾（1916—1997），原名邓永祥，香港著名粤剧演员。首本戏是《万恶淫为首》《胡不归》《光绪皇夜祭珍妃》，他热心慈善事业，香港媒体称他是“慈善伶王”。芳艳芬，原名梁燕芳，香港著名粤剧演员，有“花旦王”美誉。她的唱腔自成一派，人称“芳腔”。代表作有《董小宛》《六月雪》《洛神》等剧。

④ 任剑辉（1913—1989），香港著名粤剧演员，有“戏迷情人”的美誉。

⑤ 白雪仙，香港著名粤剧花旦，原名陈淑良。著名粤剧演员白驹荣之女。

非凡、楚岫云、陆云飞[1]演出的《情憎偷到潇湘馆》。当时三大巨型班，同演红楼戏，场场满座，互相辉映，那是粤剧最鼎盛的时期，我有幸看到各个老倌的演出，各大流派，各有所长、各有风格，使我获益良多。

1948年，班主黑英组班演出，订我做文武生，陈少珍做正印花旦，我姐夫陈超武做丑生，第二花旦是冼丽云，小生是梁鹤鸣，首演就做新马师曾的新戏《三月杜鹃魂》，我就是从那时开始正式担文武生的，不是"神童"了。后来又演前辈白玉堂的首本戏《雷劈好心人》等。

1951年我在文艺剧团的时候，就和陈少珍拍档了。我自己比较满意、比较受观众欢迎的戏是《红花开遍凯旋门》。

何　车：哦，是凡仔[2]的戏。

新名扬：是啊。文艺剧团解散后，我独自在珠三角一带及广西梧州搭班演出，又到上海跑码头。行话说："河南过河北班的演员最难。"一要有艺术，二要有戏服，连演出用的刀枪剑戟等武打道具都要私伙备齐。幸好前期我与苏文侠、邵芙莲到各地加顶分票价，收入不错，便添置了些私伙行头，但因为没有大靠和蟒袍，不能接文武生位，只好到河北班的光华剧团接小生位，当时的文武生是崔子超。

何　车："崔老四"（催子超）是很迟才回来的。

新名扬：是啊，他在光华剧团。1953年我接替卢龄德[3]演戏。

何　车：乞丐德，"七柱唱爆咪"[4]，哈哈哈。

新名扬：是啊，我接替他也很辛苦的。

---

① 何非凡、楚岫云、陆云飞都是当时非凡响剧团担纲演员，何非凡是小生，楚岫云是花旦，陆云飞是丑生。

② 指何非凡。

③ 卢龄德（1923—1992），粤剧演员，又名卢龄杰，原名卢大德，曾用艺名白凌风。同行戏称他为"龟公德""乞儿德"。

④ 传统粤剧戏班以"六大台柱"编制模式进行组建，卢龄德加入剧团凭一首主题曲获得满堂掌声，故行内称其"七柱唱爆咪"。

何　车：他回来时演《张汶祥刺马》。

新名扬：《张汶祥刺马》《信陵君窃符救赵》《金玉奴》等，我接替他演戏，难度挺大的。

何　车：是啊，我认为那时候广州市第一个唱爆咪，唱到观众鼓掌的就是他了。

新名扬：我从小型班转上中型班，在小型班的时候就担戏演文武生，到中型班就做小生，在光华剧团一直做到1956年才参加市粤剧工作团，与白超鸿①一起工作，1957年在市粤剧工作团二团与文觉非②一同演《拉郎配》，到1958年成立省剧院，我加入了五团，也是演小生，与陈笑风、罗家宝、吕玉郎③一起，那时就开始与仔姐④演《仕林祭塔》了。后又与罗家宝一齐演《苏小妹三拦新郎》，虾哥⑤饰秦少游，我演阿祥，由于我和虾哥的表演相互配合得很好，所以把整个戏都带高了。虽然我只是演一个小小的角色"阿祥"，但演完以后，看到第二天黑板上写着：新名扬演阿祥获奖。我记不清楚是奖二十元还是三十元。

何　车：那很厉害的了。

新名扬：是啊，从来没有过的。

何　车：那时一个人每个月补助六元钱作为生活费。

新名扬：就是说我做得好。为什么会做得好呢？因为我过去演了很多童角戏，加上有虾哥配合，还有七叔白驹荣⑥的点拨，我们配合得很好，所以整个戏都不同了。

何　车：演员很讲究默契的，同一套戏，不同对手，表演的

---

① 白超鸿，粤剧演员，原名陈永熙。

② 文觉非（1913—1997），著名粤剧丑生演员，原名文七根，行内人尊称其为"七哥"。

③ 吕玉郎（1917—1975），原名吕庭镜，著名粤剧小生。

④ 粤剧行内对郎筠玉的称谓。

⑤ 指著名粤剧演员罗家宝，因其乳名叫"阿虾"所以行内都称他为"虾哥"。

⑥ 白驹荣（1892—1974），20世纪二三十年代著名粤剧演员，曾任广东曲艺大队队长、广州市粤剧工作团团长，被誉为"小生王"。

效果真的完全不同的。说起来，我觉得康哥你的经历比较丰富，从小型班到中型班再到大班，你既能演文又能演武，你又唱“凡腔”“新马腔”“薛腔”，是以唱功见长，以文生见长，那么究竟你是学哪一派的呢？

新名扬：做“童角”的时候，我就学“新马”，因为“新马”的声音清亮、高亢，“童角”就合适啦。最初学的是《卧薪尝胆》，“忧怀国恨……”在湛江演了很多戏，除了演童角戏，还在《薛刚打烂太庙》演“花面”，在《胡不归》反串演家婆文方氏。

何　车：我就觉得你比较全面，这么多个表演流派你都学了，现在很多年轻演员，嗓音很好，我在电视台就和他们说：“几好声。”其实我这句是批评他们的，你“几好声”，但不是“几好听”。要唱得有韵味不是那么容易的，你刚才说，七叔他年纪大了，声音不好，演唱时中间有几个音走音，但乐句最后结束那个音又对了，呵呵。虾哥、陈笑风、小武卢启光[①]声音都不算好啦，甚至“华叔”冯镜华[②]声音都不算好。

新名扬：是的，声音沙哑，有名“梵音鉴”，他的演唱方法在于磨牙，这要实践才能掌握的，很有韵味。

何　车：是的，你综合各家之长。你当过一段时间老师。

新名扬：当了二十多年。

何　车：哇，这么长时间！

新名扬：我六十岁退休，退休后被返聘。按我高级讲师的职位可以做到六十五岁。我说不做了，我想出去放松一下，也想去看看我的女儿。然后我和我太太就去了加拿大一年，一年之后回来就被返聘。

何　车：你演的戏我不是看很多，就看过《仕林祭塔》，我觉得你这样的人才真不多。

新名扬：过奖了。

---

① 卢启光（1923—2005），著名粤剧小武演员，原名卢锦培。

② 冯镜华（1894—1977），著名粤剧武生演员，原名冯名鉴。

何　车：因为你懂那么多。其实当老师不需要很有名、很拔尖，演戏好不一定能教得好，这是真的！

新名扬：那也不奇怪。

何　车：教人，要因材施教。

新名扬：演戏与教人完全不同。我刚开始做老师的时候，想将自己做过的角色的所有经验都传授给学生，但他们不是都能够接受。因此要根据学生的声音、身段、形象等条件进行备课，还要有准确的规范动作来示范给学生看才可以，太深了不行，太浅也不行。

何　车：对啊，他有他的接受能力，还有他自身的条件。

新名扬：自己演没那么辛苦，教更辛苦。

何　车：那是啊。因为戏行有一句："边个师父教你㗎？"[①]你教过那么多学生，应该有酸甜苦辣，教得开心时挺开心，教得激气（闹心）时也挺激气的。

新名扬：激气也要教啊。

何　车："一言就九'顶'"，"顶心顶肺"的"顶"，哈哈。

新名扬：有时你讲上面，还没讲下面，他就抢着讲。"叻唔切"[②]啊，那就由他吧。

何　车：那些酸甜苦辣，我想讲给那些新老师听听。我是不敢教人的，因为我冇料。

新名扬：哪里，你的料不同那些的。我上课就要求一定要严肃认真，那些学生都知道的，如果谈老师不出声，他们就不出声。他们一吵，我就不出声，他们就会自动闭嘴的。习惯了，我也提高了修养。

---

① 粤剧行内，师父负责管教和约束徒弟，如果徒弟犯错，则首先追责师父，故问一句："边个师父教你㗎！"其实是对艺人的一种严厉批评。

② 广府俗语，形容某人对某件事半桶水，一知半解，偏偏自以为是，自作聪明，急于逞强表现自己。

何　车：你那么多学生，哪一个接受能力好一点，能成才的？

新名扬：有好几个，但到后来都转行了。就说第一届吧，红线女组织的广东“五七”粤剧训练班那一批学生不错，多数都是贫下中农子弟，能吃苦，也很听话，全部都是乡下出来的。有两个学生特别好，一个是曹敏强，一个是夏永钿，还有好几个都不错，可惜后来都转行了。那时都是演样板戏，如《沙家浜》《智取威虎山》《红色娘子军》等。我们做老师的也要全部重新学过，老师先学了，再教学生，好辛苦的。但到毕业的时候就麻烦了，男孩子到了变声期。一到变声期，到了剧团，就没有演出机会。那些年轻人就转行了，有些做生意，当老板了，每一届都有这样的现象。

广东省“五七”粤剧训练班师生聚会合照

何　车：呵呵，凡是学戏醒目的，出去当老板都挺醒目的。

新名扬：是啊，以前演“提纲戏”，没有那样的基础，没有那样的条件，你怎么演呀？譬如我和你演一场戏，“开戏师爷”

讲了人物，你唱什么我事先不知道，我唱什么你事先也不知道，音乐师傅也不知道的，那就只有靠“手影”[①]了。

何　车：你们那时已经出“手影”了？

新名扬：是啊，“提纲戏”你不出手影不行啊。

何　车：那时戏班也有用这些方法？

新名扬：有用。有剧本的戏就不用，演“提纲戏”就要用了，现在的演员都不懂了。

何　车：现在不需要了，连曲坛都没有了，以前曲坛基本上都是出“手影”的。

新名扬：没有了，没有“提纲戏”，没有“爆肚戏”[②]就好很多了。

何　车：现在有现在的办法，现在科技发达嘛，“幻灯柱”就在舞台前面。[③]

新名扬：那就科学了。

何　车：演员都顾着看字幕，那怎么入戏呢？我想问你以前是怎样学戏的呢？

新名扬：你讲起这些，我又讲一段笑话给你听。1952年有人订我一个人去上海演出，二十元一天，那就演了。休息的时候最好就是看戏，京剧、上海越剧、昆曲等各个流派的老倌、名人演的戏都看了，大开眼界，真是个学习的好机会，通过看戏来充实自己。后来的演出是让观众点戏，他们点了《断肠碑》和《范蠡与西施》，最惨就是演《断肠碑》了。

何　车：你就唱那段主题曲啊。

新名扬：“秋风秋雨撩人恨……”那一场是“祭奠”，我有些地方不记得。我就拿一个斗方盘放在台上，把剧本放在斗方盘

---

① 在传统无固定曲白的“提纲戏”中，演员必须用手势向乐队示意所选用的锣鼓、说白及唱腔形式。

② 因“提纲戏”没有固定曲白，一切靠演员自我发挥，故又称“爆肚戏”。

③ “幻灯柱”指“字幕机”，这里指字幕机放置在舞台口。

内，“秋风秋雨撩人恨……”观众有人拿着“戏桥”对着内印的曲词，跟住你把那个“很”（恨）字唱上去。

何　车：哈哈。

新名扬：那你没办法啊，观众点戏，班主要你演，你不演不行啊，所以那时候很辛苦的。

何　车：我都见过，也经历过，就是在20世纪80年代，我不说是谁了，在排戏的时候，他不记得曲，在虎度门两边侧幕有两位剧务负责提词，还有“斗倌”①那里也有一张曲纸，“水袖”②那里也有一张曲纸，打开扇子也有一张曲纸，在舞台上有很多这些“执生”③方法。所以说演戏的都很聪明，如不记得就搞这些小动作。因为80年代的那一代人，他们没有“劈”过啊。

新名扬：哪可能“劈”呀？

何　车：你想想，一个星期要演七套戏，以前哪有过呢？以前一套戏演七天就有，没试过一个星期演七套戏，记不住曲词就只有到处贴曲词了。

新名扬：是啊，每晚演新戏，以前是九套戏的。就是四场日场，五场夜场。三个台柱——文武生、正印花旦、丑生，都有权交戏，一晚就要演一部新戏。

何　车：如果不用演“天光戏”就更好啦。

新名扬：不用演了，光复④后就没有了。

何　车：说了那么多趣闻轶事，我也想知道多一点，学得多一点，康哥，那么多前辈，虾哥、七叔、你大哥，哪个前辈对你的艺术道路影响最深呢？

---

① “斗倌”为道具，京剧称之为“喜神”，是用红布裹包着长约40厘米的包袱形状物体，在舞台上代表戏中的婴儿。斗读音为“deo²”。

② 戏服配套用物。20世纪20年代由京剧传入。它是传统戏服蟒、海青、海长、披风等袖端长约30厘米的白绸。

③ 戏班术语，原指演出时突发意外，演员或乐队妥善应对。后来成为艺人的口头语，用以提醒大家在工作和生活中要视情况变化行事。

④ 指1945年9月9日，日本侵略者投降。

新名扬：真正亲自教我的就是薛五哥[1]，我小时候就闻其名，但一直未得幸见到其人，我喜欢听他的曲。这位老前辈有两件事令我很感动。第一件事是我在文艺剧团的时候，那帮人全部都是十几岁的青年，演得好不好都不知道，反正就是卖力，打得唱得，就和薛觉先他们“拍台”[2]。薛觉先他们是巨型大班，他们的画艇很大，我们就是几只艇仔。我们第一晚演出，他们没演。他们六条台柱买正对号位来看我们，从头看到尾，到最后谢幕鼓掌才离开。这是前辈对后辈的关怀，虽然他没有指点我们什么，但重视、尊重艺术，这一点很难得。文艺剧团在中华戏院演出，薛五哥他们也在中华路的电影院演戏，为了争取学艺，我们散场后赶去睇他们的尾场戏，一连七晚，第一晚看《横霸长江血芙蓉》，真是演得好啊！

第二件事是他在我们剧团看完彩排，就亲自点名，把我叫过去说：“康仔，演员一定要讲‘衣食’[3]，还未到你的时候一定要在虎度门等场。另外，出台应该哪一只脚先走？应该是左脚先走，因为你在‘杂箱角’嘛，不要右脚先走啊。第一，出虎度门时第一个亮相；第二，走到台口亮相的时候，要正中有侧，侧中有正，要让每一个观众都看到你，这样才是一个好演员。”另外，他还指导我怎样出手，这些都是五哥亲自教的。

何　车：所以说，以前的前辈是有规矩的。康哥，你现在有没有空去看戏？

新名扬：很少了，因为都上年纪了，如果剧团有邀请，我方便时就会去看。退休了，就好像隔了行，还说去看戏呢，呵呵。

---

① 著名粤剧演员薛觉先，因在家中排行第五，故称“薛五哥”。

② 指两个剧团在相近的地方同时上演不同的戏。观众可以在同一时间同一地点欣赏两台演出，两戏班同场竞技，各比高低。

③ 衣服和食物。泛指基本生活物资，亦借指俸禄。粤剧行内认为戏行中人如果不遵守相应的道德准则和行为规范，就会遭到报应，连基本的生活来源都保障不了，这就是所谓的“无衣食”。因此“衣食”便渐渐引申为道德准则及行为规范。

何　车：我就最怕媒体问："今天这套戏怎么样啊？"那我就不知道怎么样说才好了。你问现在的演员："哪只脚先出？"惨了！他最好是屁股先出[①]。十个花旦有九个都是这样出场的，我也不知道是哪个师父教的，没有规矩。"水波浪"[②]怎么起呀？不懂！你别看五哥刚才指导你的那几样东西很基础，却可以让你终身受用。

新名扬：是的，我永远都记住。还有，你出门口也是，入"杂边"[③]时，右脚先出，入"衣边"时，就要左脚先出了。为何以前叫觉先声剧团是粤剧的大学呢？凡是在觉先声剧团演过戏的人，出来都是很厉害的。吕玉郎最初也是演"天光戏"，就这样演上去的。

何　车：你刚才所说的细节给了我们年轻人一些有益的教训。比如"出门""上楼"等程式，现在全部都没有规矩了。电视台最近还播回虾哥那套《血溅乌纱》，怎样上公案，要走多少步等，全部都是有讲究的。

新名扬：是啊，以前大审戏就最难演，官生戏讲究台风、亮相。前辈白玉堂演官生戏最好，全行赞誉，做手"食锣鼓"[④]，锤锤食到正。

何　车：凡是大审戏都是那个官会下来，"开位""水波浪""两边看"，这些肯定有的，所以难做的就在这里。

新名扬：你熟悉就知道了。

何　车：现在没多少人懂，整个"水波浪"都走完也挺难的。其实传承不单是哪个武艺或哪个腔的传授，还是最基本的规

---

① 指很多粤剧演员喜欢出场时背着观众上场。

② 传统粤剧表演程式中的一种。多用于展示角色在思考，以及左右为难和犹豫不定等心理状态，也可用于搜索对象、觅路等情节的表达。

③ 整个粤剧舞台（包括前台后台）可分左右两边。演员面向观众时的右边，称为杂边，左边则称为衣边。杂边和衣边也分称"杂箱角"和"衣箱角"。

④ 指演员的表演与乐师之间的相互配合默契，表演及动作过程与锣鼓的节奏一致。

矩的传授。五哥亲自指导你，我觉得你很幸运。

新名扬：是啊，我永远都记住啊。

何　车：就是说：“袋钱落你个袋。”[①]现在就是要你把钱拿出来了。

新名扬：不拿出来了，懒得拿，现在的人有自己的想法。我那些不是钱来的。你就有很多，哈哈。

何　车：哈哈。那起码你见得多，我没看过，但看过电影。例如特技“踩沙煲”“打闭门”“莲花座”[②]等等，你不一定做过，但你见得多，我就想问一下“挞软掌”是什么呢？

新名扬：“挞软掌”？这真的难倒我了。

何　车：我觉得你在“下四府”的那段经历应该是很丰富的，下四府特技演出“打真军”[③]你看过没有？

新名扬：看过，我们都打过了。

何　车：咦，那要说来听听。

新名扬：我不仅在舞台上“打真军”，还打到去街上。有一次在东莞演出，完场后第二朝拉箱，“锦哥”卢启光当时做“二式”[④]，我做“拉扯”，跟他去卖药，经过市集开档卖武，锦哥先讲一段开场白，然后我就与他“打真军”，双刀对大刀，“单刀枪”[⑤]开打，最后“走针”[⑥]，围观的人看得兴起，纷纷拍手叫好！我们就开始卖药了，大叫“班中好跌打”（跌打丸）。“打真军”用的那些枪头是真的，大刀是铁的。

何　车：度戏的时候怎么办呢？

---

① 戏班行语，指别人教了你、指导了你就等于把钱放在你的口袋中。

② “踩沙煲”是粤剧传统特技，“打闭门”是武打程式组合，“莲花座”是武打表演动作。

③ 传统粤剧武打表演特技。在舞台上使用真刀真枪对打，故名“打真军”。

④ 剧团的第二男主角。

⑤ 戏剧表演中单刀与单长枪对打的把子套路程式。

⑥ 表演技巧，开打的常用动作。

新名扬：也是这样。双刀、大刀，把子有两种的，有真有假，还有“插仔”①呢，都是真的。

何　车：有没有受过伤呀？

新名扬：没有。

何　车：那些开打的演员也不会受伤？

新名扬：不会，怎么会呢！受伤就麻烦了，真枪、真刀一插进身体就大件事了。特别是“走针”，要很熟练才能演出的。最初学的时候，基础很重要的，譬如你做“手下”，很多表演排场，都是叔父传下来的，只能自己练，不像现在学校有那么正规的训练。比如在戏中表演“打和尚”②，南派“手桥功”，正主③讲打哪一套就打哪一套，没有排练的，只是跟你说第一步怎样，第二步又怎样。

何　车：不记得就看“影头”④咯。

新名扬：那时候也没有“影头”给你看，你不懂就别演呗。

何　车：“打把子”⑤也是这样吗？

新名扬：把子就不同，把子“三十二刀”是固定的套路，“单刀枪”有“单刀枪”的套路。

何　车：传统南派把子肯定就是“滴水”“三枪”“十棍”“翻身咪头”⑥，这些把子技巧如果不排练也挺难的。

新名扬：这就要看基础了。好像“打四星”，现在那些年轻的演员哪懂呀，一是没学过，二是演出时没用，所以现在的演员都不会“打四星”了。这些传统的表演排场以后都会失传了。

---

① 匕首。

② 表演排场，是小武与二花面及五军虎等合作表演的粤剧传统武打排场。

③ 武打表演的主角。

④ 指戏曲演出时演员、掌板、头架之间起提示作用的沟通信号。

⑤ 舞台演出中使用刀、枪、锤、锏、弓箭、剑等武器的武打表演，粤剧戏班按习惯称“把子”为“刀枪把子”。

⑥ 传统粤剧把子的常用技巧套路。

以前前辈说："你现在学了这些技巧并不是说你一生都做'手下'，但演'手下'就是你的基础，你现在做'手下'懂得了演'手下'的规律，以后你做'官'就知道怎样用'手下'了。"

何　车：我不知道你有没有在"下四府"看过排场戏，我在"申遗"时去看过，就觉得我们"上六府"演的《杀忠妻》跟"下四府"演的有所不同，连牌子和表演都不同。

新名扬：我就没有看过，因为我去"下四府"不是去农村，而是去广州湾、赤坎。

何　车：霞山那时没有戏院吧？

新名扬：霞山的演出主要是在赤坎。赤坎有三家戏院，一家是专门演大戏的文化戏院，一家是搭棚的太平戏院，还有一间就是在太平戏院旁边的百乐门电影院。我小时候最喜欢看电影。看电影对一个戏曲演员来说是很有好处的，看别人的面部表情、喜怒哀乐等。我最喜欢看《泰山》，那时美国片很流行。我为了看戏给姐夫追着来打的。

何　车：为什么呢？

新名扬：不练功呗。那个时候白天不用演戏，但我姐夫很严格，除了早上练功，中午吃完饭也要练功，一般练一下"拉山""走圆台""跳大架"[①]等基本功，但我一到下午就偷偷跑到隔壁看电影，我姐夫走进后台拿着藤鞭打我，我就跳下台口逃走，他就一边追一边骂。最后我在门口跪下。但他也没有真的打我，只是骂我。我等他骂完了就再溜过去看电影。

何　车：哈哈，𠻹仔都是这样调皮的，呵呵。

新名扬：有段笑话。我在另外一个剧团，男花旦是吴惜衣，丑生是吴粉超，小生是小金刚，文武生是罗鉴雄（十哥），十哥是河南班最厉害的文武生，这个剧团的前辈全是名家。以前下乡，那些大老馆分配了床位之后，我们这些当"拉扯"之类的就

① 传统粤剧的基础表演程式组合。

“飞天窦”[1]啦，谁醒目谁就能找个好点的地方，我们就是在一间祠堂里休息，铺好了床之后，风炉都要自己搭的，就用几块砖来搭，一人搭一个风炉煮饭吃，每个人都在风炉上写上名字，防止别人占了自己的位置，你有没有听过呢？

何　车：风炉都要写名字，我没听过。

新名扬：是啊，比如你是文武生，那时文武生是罗鉴雄。

何　车：哦，“大喊十”[2]。

新名扬：他花名就是这样来的，他在风炉上面写上“式十”，还有一样就是画个神主牌在那里写着“正式大喊十”，这就是十哥啦。

何　车：哈哈。

新名扬：我的就写上“扯康”，因为我做“拉扯”的，别人就加上“你扯我就疴康”[3]，又是画个神主牌在风炉那里。

何　车：呵呵。

新名扬：这件事是谁干的呢？后来才知道是吴粉超干的。

何　车：哦！

新名扬：因为他有文化嘛，又喜欢画画，爱整蛊别人，这是我后来才知道的。

何　车：是清哥[4]搞的。

新名扬：是啊。“你扯我就疴康”，真的“扯”（走）了，一扯就扯了六个人，六个都是打仔，我们为什么扯呢？因为觉得工资少。隔壁有崔子超、罗艳卿所在的那些中型班，陈少珍当时就在那里。

---

① 戏班人称床铺为“窦口”。旧时戏班常年流动演出，一般工作人员没有固定的睡觉地方，待演出完自行找位置休息即可，铺盖需要朝拆晚铺，戏班人称此为“飞天窦”。

② 粤剧演员罗鉴雄的绰号。

③ 广府俗语，指事情转坏，局面难以收拾。

④ 指吴粉超，他的原名是吴镜清，故称“清哥”。

何　车：那时他们是两夫妻。

新名扬：是啊，他们要找人，那时找“打仔”很难的，他们需要能打又能演的，还要包做“天光戏”。他们过来挖角。要订我们，我们就答应了，半夜就走了。“花门”就是“你扯我就疴康”啦。

何　车：听了谈老师说了那么多对我们有启发的东西，我还想问一些私人的问题。

新名扬：又打起我“假单”[①]了。

何　车：呵呵，不是，这些没有“假单”打的，这些很清晰的。你是不是在文艺剧团时认识珍姐的？

新名扬：你猜猜！

何　车：我怎么猜呀，那时我还是个“嘅仔”，怎么知道呢？

新名扬：那你肯定不知道啦。

何　车：就是很早的啦。

新名扬：很早。是光复的时候。

何　车：1945年已经认识她了？

新名扬：我“花门”去找她的。

何　车：那时就会“眼美女”[②]啦。

新名扬：不是啊，我“花门”到凯歌剧团，在那里认识了她（陈少珍），她做梅香[③]，比我小两岁，我们两人都演“天光戏”《沓家妹卖马蹄》，她演沓家妹，我演可仔。

何　车：演完之后又怎样呢？

新名扬：演完之后就分开了，我去湛江演了一段时间。1948年回来后我在小型班当文武生，她当正印花旦。那时还没谈恋爱啊，就是感情好点吧。

---

① 指窥探别人的隐私。

② 在粤语中有看、瞧的意思，“美”指漂亮少女，合在一起就是偷望女孩，后述引申为“追女仔”。

③ 表演行当，负责跟随花旦出场，多为戏班群角，如宫女、丫鬟、女兵。

新名扬与陈少珍的结婚证

何　车：听说结婚是新中国成立后的事情吧？

新名扬：1951年文艺剧团正印花旦陈雪影怀孕，聘请陈少珍做正印花旦，每日二十元工资，她做了八个月就离团了。她到艳阳天剧团当正印花旦，师父梁荫棠[①]见我两人交好，提出为我们主婚。当时，艳阳天剧团在东乐戏院准备演出，他代表全团为我们送上三幅大镜屏，写上“新名扬、陈少珍结婚纪念”。晚上在戏院宴请我们的家人和艳阳天剧团、东乐戏院的全体工作人员。数十年来，我们都忘不了梁师父和各位好友的祝福。刚才你看到的那张结婚证，已经六十多年了。

何　车：那张结婚证是文物啊！你们现在是钻石婚啊。

新名扬：是啊，很难得的。现在戏行里的都……

何　车：你别说戏行了，现在想找张这样的东西都挺难的。

新名扬：是啊，值得庆幸。

---

① 梁荫棠（1910—1979），著名粤剧小武，有“武探花”之称。

何　车：1952年的东西，在“文化大革命”的时候，一般人因为害怕，连结婚证都烧了的。

新名扬：荫哥（梁荫棠）送给我们的镜屏没烧，我把它拆了出来，把“喜结良缘”等字换成了“共产党万岁”“毛主席万岁”，中间图案就用毛主席的画像盖住。

何　车：呵呵呵。

新名扬：就是这样过来的啦，我不舍得砸烂它。

何　车：这东西就值得我们“羡慕”“妒忌”，不要说“恨”了。真的好厉害，六十多年了。

新名扬：失礼失礼。

何　车：你别说，相守六十多年也挺难的。

新名扬：是啊。我讲个笑话给你听，“虾哥”罗家宝身体还比较好时，有一次外出旅游，去完海南岛坐火车回来，他说：“阿康，你几十年也只有阿珍一个呀？”

何　车：就是，没“换画”①吗？

新名扬：我说：“没有哦，我没你那么厉害呀。”

何　车：哈哈，这句倒是真的，如果像他那样就麻烦了。

新名扬：我跟他是没什么避讳的，什么都可以说。

何　车：还有一个私人问题，你有多少个儿女呢？

新名扬：两个，大女儿现在做化学老师，小女儿谈霭婷在加拿大。

何　车：你的大女儿我都没见过，小女儿我就见过，虽然没怎么交谈，但我觉得你的小女儿不演戏真的是浪费了。我与她见面次数虽然不多，但我个人感觉她真是一块演戏的料，无论在个人的反应，还是在待人接物方面，她整个人好像不是那个时代的人似的。为什么她没演戏呢？真是浪费了人才，你们两位都是演戏的，为何不传承下来呢？

新名扬：讲到我小女儿，从形象、声线等各方面来讲，应该

① 指换男（女）朋友。

是有条件演戏的。我本没打算让她学戏的，但她愿意学。那时候学校配了一台可以录音的收音机给我，我就把收音机拿回家里。另外，我有一个朋友是当医生的，他儿子在香港带了一盒任剑辉和白雪仙的《帝女花》录音带回来，借给我们听，结果我女儿就将任剑辉的唱段听熟了，后来我就用那台收音机来录她唱的曲，唱的是《帝女花》的"庵遇"，她把全段都唱了。后来平喉她也唱，子喉她也唱。我就将这些情况跟"七哥"文觉非讲了，七哥也很关心我，我就把录音给他听，他也觉得有条件。我又问过女姐，她说如果真的有条件，演戏是可以的，如果没条件还是读大学好。从那时开始，她自己就喜欢上演戏，她喜欢唱曲，想演戏。除了她妈妈睡觉的时候抱着她唱，我们还找老师教她，有苏州女[①]老师、骆臻[②]师父、殷满桃[③]老师，现在还有那些录音在。

何　车：哇，这些全部都是"大朵"[④]啊。

新名扬：还有啊，陈冠卿[⑤]老师亲自去到我家，他说："我从来没提过要收徒弟的，我想收你女儿当徒弟。"哇，难得嘛，卿叔大驾光临，还说要收我女儿当徒弟，真是求之不得。他喜欢我女儿人品好、肯学，既教了她弹古筝，又教了她很多东西。她没进过科班，但很多老师都教过她，就是这些前辈教她传统排场。苏州女老师说要把毕生所学全部教给我女儿，真的很难得。平时臻叔、桃叔、卿叔教我女儿唱的那些录音还在，卿叔教她唱《黛玉葬花》《残梦泣笺》。她肯学肯练，去深圳粤剧团，一出台就演"袭人"[⑥]。彩排休息时，我听到的意见，多数来自剧作

---

① 苏州女（生卒年不详），资深粤剧女演员。20世纪二三十年代在加拿大走埠演出，后回国在广东粤剧学校任老师。

② 骆臻（1919—1996），著名粤剧乐师，行内人尊称其为"臻叔"。

③ 殷满桃（1919—？），粤剧乐师，负责伴奏、作曲、音乐唱腔设计、剧本编写等工作。

④ 戏班术语，指有名气的专家、艺术家。

⑤ 陈冠卿（1920—2003），著名粤剧编剧。

⑥ 中国古典小说《红楼梦》中的人物。

家。有一句话令我很欣慰的：“啊，看不出来，这个女孩肯定‘扎’的。”她去香港演出时，卢丹说：“这个女孩给我两年时间培养她，一定‘扎’的。”这些都说明她本身的基础、条件，各方面都比较好，后来她就跟了林小群学艺。

何　车：跟大珠姐[①]。

新名扬：对，跟大珠姐学。但是跟大珠姐学的时候，她就在省粤剧院做一般学徒，如果她一直这样下去，前途应该是不错的，但是制度上的东西好麻烦，你知道的了，梅香都要“挂起”[②]的，有演出就发一元钱，没演出就“挂起”。那她都无所谓了，后来刘美卿[③]演《奇女状元》，那套戏婷婷担纲第二花旦。别说是第二花旦那么重要的演员，就算是有点戏份的演员，在戏院门口写上她的名字都无所谓啦，但写上了“谈霭婷”的名字后，剧团某领导却说：“写她名字干吗？她只是临时工。”你说这样怎能培养人才呢？所以，她喜欢怎样就怎样吧，后来她认识了我女婿，就直接去了加拿大，离开了剧团。

何　车：我觉得浪费了人才。

新名扬：是啊，她家里现在还有录像，我就一个录像都没有了。

何　车：哈哈。所以戏行有一句俗话：“三年出一个状元，十年才出一个戏子。”的确如此啊。演员除了要具备声、色、艺的条件外，还要有机遇。

新名扬：我把你的要求和婷婷说了，她说多谢大家，还有多谢各位老师对她的关心爱护，非常感谢！

何　车：我没看过她演戏。

新名扬：有录像啊，她演的戏不多，但是身段和唱功等各方面都不错。老实说，我们也是内行人，如果她表现不好，我也不

① 林小群，著名粤剧演员，因其乳名“阿珠”，在剧中排行老大，行内人尊称她为“大珠姐”。

② 指剧团对没有分配任务的艺员等待安排工作的状态。

③ 刘美卿，著名粤剧花旦，粤剧名宿桂名扬的义女。

会说她好的。其实她演戏，我们更辛苦。她在广州市每做一场戏我们都一定去看，很多时候没位置坐，我们夫妻俩就站在那里看她，看到做得不够好的，回家就告诉她哪里不对。培养一个人才是不容易的。

何　车：真的是很难的。除了你两老之外，你看看，苏州女、臻叔、卿叔、殷满桃，都是艺术大家。现在要找一班这样的叔父教你都挺难的，即使他肯教你，还要他肚子里有那么多东西教你才行呀。现在没有多少个老师有这么多东西的啦。

新名扬：她学了很多表演排场，比如“击掌”“观音十八变”等，就是以前那些传统排场。

何　车：其实人才难得啊。

新名扬：现在也好啊，她现在生活很好，多谢大家的关心！

何　车：现在这个生活好归生活好，但那是另一回事。

新名扬：她现在又有两个女儿了，我两个外孙女都很乖，两个都在读大学。

何　车：恭喜你。我就很羡慕你们。有些媒体也曾问我，前一段时间很流行讨论的“什么叫幸福”。我说，有钱人很幸福吗？有钱人并不一定是幸福的。我有个学生对我说：“我比何鸿燊还好。”那年我到澳门，与他在戏院旁边的一家羊肉铺吃饭。外面下着雨，我们两个人叫了个羊肉煲，再来两个菜、一瓶红酒。两个人一边饮着酒，一边说笑着，不知道有多开心。他说：“像我们这样随便吃喝，何鸿燊绝对不行，他吃东西时要有一堆人围着他的。他吃鲍参翅肚，我也吃得起，一餐也花不了多少钱。”就是说，幸福只是一种感觉。以前我们吃饭还要用粮票的时候，有顿饱饭吃就感到很幸福了。

新名扬：是啊，是啊，呵呵。

何　车：现在我一个礼拜都吃不了一碗饭，呵呵。幸福只是一种感觉。我个人感觉是，把我赖以谋生的手段和我的爱好结合在一起就是幸福。生活中很多人都做不到的。你想想，开的士、开大巴的司机，他们很喜欢开车吗？其实大多都只是为了谋生。

但是我不是这样，我跟你聊天，因为这是我的兴趣和爱好。

新名扬：我现在和她（陈少珍）都有共同爱好的，常在家研究艺术和听前辈唱曲。另外我们还喜欢旅游，喜欢录像，到处去玩。

何　车：这样就最幸福啦，随心所欲。

新名扬：你刚才问我现在有没有去看戏。别人都没有请我，我怎么看呢？不是找麻烦吗？

何　车：哈哈哈。所以，等你女儿的孩子长大了，她可能又会回过头来喜欢粤剧了。真的啊，人总有一个循环的。我今天才知道，你刚才的那个1952年的结婚证，六十二年历史的文物，真的要恭喜你！现在你们结婚六十二年了，到七十周年时举行宴会庆祝一下吧，我来当主持，哈哈。

新名扬：多谢，多谢！希望大家都健康！

何　车：今天很高兴和康哥聊了那么多。

新名扬：是你引导我，引导得好。

何　车：这给我们的后辈一些很好的启发，我们之所以要搞这样的访谈，就是想多介绍一些粤剧规律性的东西给我们的后辈知，现在的年轻人了解得比较少。但经谈老师你说出来，他们就相信。

新名扬：以前给年轻人上课都没讲这么多，因为学校规定了我讲课的内容。我再讲一个因材施教的例子吧。学校培养人才应该是一专多能，这是对的，当时分配我教《仕林祭塔》，你猜分配了两个学什么行当的学生给我教。两个平时学“花面”[①]的学生。

何　车：演塔神呀？

新名扬：演仕林啊。

何　车：哈哈。

新名扬：他们是做须生的，牛高马大，一出去“揈手揈脚”。

---

① 传统粤剧行当。

新名扬在课堂上指导学生

何　车：穿着海青。

新名扬：我问领导："这是不是开玩笑呀？"他们说："我们是这样安排的啊。"我说，那我不教了，我不是说他们不行，而是我教不了他们呀。

何　车：哈哈。

新名扬：他们一直在学"花面"，身材又高大。而演仕林是要有基础条件的，我演仕林比较适合是因为我的个子比较小，站上舞台像"仔"，郎筠玉说："《仕林祭塔》中，那么多个'仔'，演得最好还是康仔。"过去演《仕林祭塔》就好像现在我和你一样，我讲，你坐在这里听，很少调动位置。如果按照前辈积累的几十年经验去演出，那就没什么发展了，所以双方都要加强动感，大家相互配戏，把情绪带进戏里。

何　车：其实这样更难演。

新名扬：是啊。香港的演出就不是这样的，香港有几个版本的《仕林祭塔》，他们唱得比较多，我们则着重表演，例如唱到不做官时就做脱乌纱帽的动作，这比传统的演法好看多了。可是现在没学生演，如果那时是陈颂华[①]当校长，那就好多了，他认为

① 陈颂华，原广东粤剧学校校长。

学生只要演好这套戏就可以毕业了，因为唱、做、念……什么都包含在里面了。这些都是过去的事情了。

何　车：我也看了很多版本的《仕林祭塔》，我们说艺术要发展才会有观众，对待传统艺术也是如此，先传承才能谈改革和发展。很高兴和康哥聊天，希望继续向你学习，多点交流。

新名扬：千万别这样说。

新名扬（左）与郎筠玉（右）演《仕林祭塔》剧照

何　车：我向你学习就是通过看你演戏，还有就是你学生的复述，如他们所说："谈老师唱那一段'追贤'[①]是用白话唱的。"我们学的时候是唱官话的，我想可能那时粤剧学校不准唱官话吧。

新名扬：不是，这不关学校的事，是电台要求的。

何　车：我记得你已经把它录下来了。

新名扬：我录了，有录像。但我觉得不是很理想。如果像华叔[②]教我们那样全部用官话就好了。"恨不能，霎时间奔回故里，心忙意乱，我的马蹄忙。"（与何车一起用官话哼唱）不过我都算满意了，电台算是培养了我，1960年我就在电台教唱《海阔天空任鸟飞》，那时毛主席提出：知识青年要上山下乡[③]，背行囊昂首阔步。镜哥知道我在电台，就亲自到电台关心和鼓励我。

① 指传统粤曲《月下追贤》。

② 指冯镜华。

③ 指20世纪六七十年代，政府组织大量城市"知识青年"离开城市，在农村定居和劳动接受贫下中农再教育的运动。

在剧院，领导也培养了我，罗家宝不出台就由我演出，我演一些短剧。镜哥、郎筠玉不出场，我就和郑绮文演。1965年，我们组织了一个农村演出队“十三条扁担轻骑队”，我们演《掩护》《红松店》这些戏，我演老红军，郎秀云演女性老干部，这些戏都受到观众欢迎。

何　车：还演了《借靴》。

新名扬：《借靴》我没演，演了《审椅》，我演老生，那时还算不错，观众还可以接受。“文革”后就“Bye-bye”了。

何　车：没有“Bye-bye”，只是当了老师，其实你也培养了很多学生。

新名扬：我也曾与曹秀琴演过戏，当时是老师和学生一起演出的。和曹秀琴演《仕林祭塔》，和郭凤女演《常青指路》。所以领导很重要，既关系到人才培养，也关系到老师的实践。老师不能只凭老一套教就算了，还要吸收新的养分。

何　车：他们那一届的师资比较强，那个教翻跟斗的，现在去了香港，叫戴炃①。

新名扬：他是教身段的，那时他的教学是把体操的方法和传统的技巧相结合。

何　车：我觉得你们那一届教得很好，陈丽琴是不是你学生呀？

新名扬：是啊。

何　车：她给我印象最深的就是《虹桥赠珠》。她是姜世续②老师教的。到现在为止没有一个武旦能超过她。

新名扬：她毯子功比较好，但是对传统的东西了解不多。

何　车：这是“文化大革命”刚刚结束的缘故。

---

① 戴炃，原名戴成崐，原广东粤剧学校老师，后移居香港。

② 姜世续（1901—1984），著名京剧教师。1953年受聘于广东粤剧团后，先后在青年训练班、实验剧团、省粤剧学校教学。

新名扬夫妇（前排）、何车（后排中）与《访谈录》编务组工作人员合照

新名扬：后来说要恢复传统，就到处去找教材，以前粤剧学校的教材都被烧光了，那就要自己重新编写教材。例如：小武一定要学《罗成写书》《凤仪亭》这些戏，小生要学《西厢待月》《宝玉怨婚》。

何　车：呵呵。关键是现在没有可用于传统方面教学的师资，好像康哥你这样经验丰富的老师不多了，现在粤剧学校老师的素质是否相对弱一些，这方面就见仁见智吧，因为现在学的东西和以前也不同了。

新名扬：我听梁荫棠讲，以前的老前辈练功是“企单脚”“穿高靴”“放砖头”[①]，别人说：“荫哥，你好厉害啊。”他说：“我只是‘湿过桶底’[②]而已。”你说他多谦虚呢。

① 梁荫棠在练习“护裆腿”功夫的过程中，为训练其单腿站立的稳定性和耐力，在抬起护裆的脚踝上放置砖块所进行的负重训练，俗称“放砖头”。

② 谦虚的说法。原称功夫不深为“半桶水”功夫，梁荫棠谦逊说自己的功夫连“半桶水”的水平都达不到，仅是“湿过桶底”而已。

何　车：我们说舞台上那三尺毯是英雄地，你出去就没有认“衰仔”（承认自己不足）的，呵呵。所以听康哥讲的这些，今天受益匪浅。

新名扬：“合晒合尺”[1]啊，哈哈。

何　车：哈哈，多谢你！

访谈感悟

谈康老师给人的感觉是敦厚、谦逊、随和，一副为人师表的形象。通过此次采访，让我们了解了谈康老师的艺术人生、教学历程、家庭生活等情况。其中最令人感动的是他娓娓道来的，与其妻子粤剧演员陈少珍的美满幸福的婚姻。他们这段 “钻石婚”至今已有六十二个年头，来之不易，是我们年轻后辈学习的典范。现代的爱情十分脆弱，爱侣动辄分手、离婚，说彼此“性格不合”。幸福、恩爱的夫妻并非天造地设、完美兼容，而是要双方准备好接受现实的考验，懂得欣赏对方与自己合拍的地方和对方的优点，相互理解、相互包容。

在采访的过程中，谈康老师会时不时情不自禁地望向陈少珍老师，也不时提到她，而陈少珍老师也一直默默地、深情地看着谈康老师。这种眼神碰撞是一种心灵的交流，是一种相互的支持。六十二载流金岁月，精雕细琢的美满姻缘。值得我们学习，值得我们传颂！

梁嘉琪

① 原指演唱者的演唱与乐曲音调和谐、节奏合拍。后借喻生活中人事两相契合。合晒，广府俗语，完全符合之意。合尺，读音为“ho⁴cé¹”，为传统工尺谱的两个音阶。

访问日期：2014年6月12日
访问地点：广州粤剧大院
受 访 者：吴志明
笔录及整理：崔振强　区子珩

『漫说从容五十秋』
——吴志明访谈录

吴志明，1934年出生，广东佛山南海大沥丽庄人，原名吴善卿，曾用艺名吴香玲、小吴惜衣。是广州著名餐馆“蛇王满”创办人吴满的孙女，生父为粤剧知名男花旦吴惜衣。幼年跟随父亲的戏班登台演戏。

1951年于广州市实用会计学校就读中级会计专业，次年毕业，到东莞县常平镇常平中学工作，先后担任少先队辅导员及副总务主任。1957年上级为照顾分居两地的夫妻，被调至其丈夫工作单位——广州市文化局，被分配到广州粤剧工作团工作。1960年省、市粤剧团“分家”后，一直在广州粤剧团工作至退休。曾担任粤剧《海岛女民兵》剧组组长、广州青年粤剧团艺术秘书、广州粤剧团总团艺术室主任、艺术委员会常务副主任等职务，擅长艺术管理，在多个大型演出活动中担任舞台总监和艺术总监。是广州粤剧团六十年发展历程的见证人。现为中国戏剧家协会会员。

何　车：采访明姨是十分难得的事情，我早就认识明姨了，让她管了五十几年[①]啦，有很深的感触和感情，今日好高兴能够请到吴志明同志[②]，多谢明姨接受我们的采访。

吴志明：你真是太客气了。

何　车：我和明姨相交已经有53年了。明姨是看着我长大的，看着我从1961年底入剧团（青年剧团[③]）一直到我退休。其实我一直都在明姨的领导下成长。

吴志明：不对，是在党的领导下成长，你不要搞错了位置，哈哈。

何　车：是在明姨的管理下、教育下成长的。很奇怪，我真正了解明姨是在我退休之后，我去搞粤剧历史、搞粤剧趣闻轶事时才知道，原来明姨的祖父是大名鼎鼎的"蛇王满"[④]，哈哈。

吴志明：那时你才知道？

何　车：对，我是退休后才知道的，也是退休后才知道吴惜衣[⑤]是你的父亲，知道吴惜衣的艺术活动和其他的生活情况。所以今天很希望能把这段资料留下来，还想请你谈谈艺术管理，我们与艺人合作的种种关系，给我们当今的艺术管理者一个参照，或者谈谈我们以前是怎样处理艺人同干部的合作关系，谈谈整个过程又是怎样发展过来的，我觉得会对今天的粤剧管理有很多好处。明姨，我就单刀直入了，我一向都叫惯你做明姨，如果改叫"吴志明同志"就好似生疏了很多。

吴志明：粤剧界的同行、老老少少都习惯叫我做明姨啦，我感到好亲切。

何　车：我是在1961年底入粤剧团时认识你的，我想知道明

---

① 吴志明过去是何车的领导，故开玩笑说"管了五十几年"。

② 何车按过去习惯去戏称吴志明。

③ 20世纪60年代组建的广州青年粤剧团。

④ 广州著名的餐馆，以吃蛇为主，由吴志明祖父创办，现已结业。

⑤ 吴惜衣（生卒年不详），20世纪三四十年代著名粤剧男花旦。

姨你是什么时候入行的呢？我知道你最初入行时还做过戏，当过演员的。

吴志明：没错。

何　车：尤娟[1]和你都演过戏吗？

吴志明：尤娟是唱曲艺的。

何　车：你演过戏？

吴志明：我是八和会馆[2]的会员，新中国成立前就已经入会了。

何　车：哇，你真是老行尊了。

吴志明：现在人老，应该讲的历史都老了。

何　车：先不讲你做干部的经历，先讲讲你做戏的故事吧。你是几岁入行的呢？开始演戏时年纪有多大？

吴志明：我五岁就在海珠大戏院[3]登台了，当时我参加了“师傅诞”[4]在海珠大戏院的大集会演出，那时我虽然年纪小，但是我是演“哪吒”。几乎没有人知道我的这段历史，就算当年在东莞工作，我自己也没有提起过，当然，管理档案的人肯定会知道啦。

何　车：我现在知道啦。

吴志明：我是说当年在东莞常平中学没有人知道，我在东莞常平镇常平中学工作了六年。

何　车：哦，你在东莞做过老师？这段历史我就真的不知道了。

吴志明：现在知道都不迟。我觉得这个访谈很好，肯定是你蔡孝本的点子。回顾这些历史，你说它有作用也好，没有作用也

① 指尤娟儿，原广州粤剧团一团团长。

② 粤剧行会组织。

③ 位于广州长堤大马路的戏院，过去省港的剧团，均极力争取到海珠大戏院演出，争头台演出更激烈。

④ 粤剧祖师爷华光师傅的诞辰，在每年农历九月廿八。

好，反正都是一个回顾。过去与现在不能比，但是进行回顾会对现在有所启发，看看你如何取舍。所以我觉得搞这个访谈很好。首先我支持这次访谈活动，我觉得“中心”[①]的领导待我不薄，我是从来不讲假话的，所以“中心”组织的活动我都会尽自己能力去参加。至于有没有起到作用，那是另外一回事了。今天我很感激主办这个活动的所有工作人员及“中心”领导，还记得我这个“过气干部”。退休二十多年了，应该算是“过气干部”了。我就根据你提的问题，逐一讲述吧。但我有点紧张，人老了，动作慢，脑筋慢，讲话也慢。如果有错，请你纠正，如果有遗漏的，你就补充。

何　车：我们当作普通的谈话就可以了，就好似以前你同我做思想工作一样，哈哈。

吴志明：我不会做思想工作的，那时你很顽皮，但口才很好，当时在青年剧团，你算是年纪小的了。

何　车：你当初既然已经开始演戏，为什么不当粤剧演员，而去做干部呢？

吴志明：你向我提出的问题，有些我是从来都不对别人提及的，如“为什么不当粤剧演员而去做干部”这个问题。原因比较复杂，但是我都要简单地讲。这要从我的家庭讲起，我的祖父叫吴玉堂，又叫吴满，即是“蛇王满”。到我懂事的时候，他已经很有钱了。我的祖父就好有形有款哦，长五绺胡须，样子好像齐白石[②]，身材瘦削，但很高。他出身贫苦，是孤儿，早年背着一个草袋去山上捉蛇，因为捉蛇是不能用布袋的。我见到祖父十根手指只剩下六根，听说是捉蛇的时候被毒蛇咬伤，为防止蛇毒蔓延，必须要斩断手指，因为那时候没有药可以医治蛇毒，斩断了手指，毒就不会蔓延了，就这样他斩去了四根手指，后来他在桨栏路开了“蛇王满”，当时是卖蛇、蛇药和蛇酒，有很多人来帮衬。

① 指广州粤艺发展中心。

② 齐白石（1864—1957），中国近代著名画家。

何　车：我去帮衬过，我外婆九十多岁的时候还去帮衬，去吸蛇血。

吴志明：听说把蛇尾斩断了，就这样生饮蛇血是很有益的。后来就开了餐馆，扩充二楼营业。新中国成立后公私合营[①]的时候餐馆被接收了。

因为祖父是个孤儿，想光宗耀祖，想更多人接他的班，就娶了很多老婆。我知道的有大嫲，她是裹脚的；另一个是四嫲，她就是吴惜衣的生母，还有就是五嫲和八嫲，其他的就不知道了，他至少有八个老婆了。五嫲因为意外去世，我只见过其他几个。大嫲只生了一个女儿，祖父并没有重男轻女的观念，男女都喜欢，所以他给了一间铺给女儿，就是在佛山的“蛇王满”，她在那儿卖蛇酒及经营蛇餐，就是我的姑妈。八嫲、五嫲都没生小孩，就只有吴惜衣的生母生了三个儿子。吴惜衣排行第一，第二个儿子早逝，只剩下吴惜衣和最小的儿子即我三叔。所以他们就非常得宠，我听说祖父把在十三行的铺头传给了吴惜衣，还在宝华路买了一间带天台的三层大屋给他。大屋有天台有厅，大厅可以做舞台演出的。在长寿路还有一间屋给了四嫲。四嫲有三个侍婢和一个保姆，吴惜衣有三四个随从服侍。平时钱就让他们随意花，所以在家里他们很威风。吴惜衣很孝顺，每天早上起来打水给母亲洗脸，准备好烟筒给她，他母亲说一，他不会说二。

何　车：这是传统美德，我父亲也是这样的。

吴志明：本质不同吧！我祖父因为要开枝散叶，所以就急于给儿子找老婆，吴惜衣就娶了我妈妈。我妈妈自小就没了母亲，外公是在澳门行船的技术人员，当时家境并不富裕。我外公与祖父“蛇王满”好熟络，祖父很喜欢我妈妈，就让儿子娶了回来做媳妇。外公说：“‘蛇王满’这般有钱，我女儿如何配得上？！”祖父就说：“不要紧，嫁妆全部由我包，该要多少就多少。”所以我妈妈的嫁妆全部由“蛇王满”准备的。我妈妈嫁入

① 20世纪50年代，改造资本主义工商业的主要手段。

吴家，你可以想象有多惨，要服侍四五个婆婆。家里的人看不起我妈妈，因为她娘家穷，连三朝都没有回门[1]。吴惜衣母亲对她就更差，吴惜衣也不喜欢她，因为这始终是盲婚，大家都未见过面就娶回来了，加上母亲不讨喜，他对我妈妈就更不好了。连对待自己的儿女都是这样。我妈妈生了四男一女，本来是不错的，但我祖母就认为我们是"贱骨头""臭罂出臭草"[2]，几个子女全部无书读，我在明德小学读到二年级就没有书读了，九岁就开始跟戏班做戏了。当时吴惜衣组织戏班，为了赚钱，让我跟着戏班当"梅香"，可省一份工钱。我大哥和三弟很早就要自己打工了。

最小的四弟读一年级的时候，在家居然没有饱饭食，每天限食一碗饭，弟弟追着饭斗都不能添饭。祖母居然说："食太多会食大条肠。"吴惜衣这么有钱，在家吩咐工人煮菜，最好的给他们食，摘出来不要的就留给我们和工人食。我年纪较大，性格比较倔强，他不给食我就不食了，但是我弟弟年纪小想吃点肉菜，即被祖母用筷子打手不准吃，祖母还说："如不听话，做个擦鞋箱，你上街帮人擦鞋。"

我跟班做"梅香"很辛苦，除了一些苦活要干，散场后还要帮吴惜衣捶背。很多类型的戏我都参加了，住过画艇[3]，做过"天光戏"。

何　车：一般都是"爆肚戏"。

吴志明：那也要懂得如何"爆肚"才可以呀。我十一岁就同陈小茶在"大天台"[4]演日戏，当时我做"小姐"，她做"梅香"表演游花园……她曾笑说："吴志明是我前辈。"其实陈小茶当时识唱时代歌又能演粤剧，我算老几？

---

① 指新婚夫妇新婚的第三天回娘家，对于新娘来说，则是初为人妇后第一次回到自己的娘家。

② 广府俗语，意思是说臭的瓶罐里种出的只能是臭草，养育不出鲜花，引申为怎么样的环境氛围就会产生出怎样的人群。

③ 红船消失之后戏班下乡演出的主要交通工具。

④ 这里指原广州大新公司（南方大厦）的天台游乐场，粤剧全女班多在此演戏。

何　车：那时你用什么名字演出，用吴志明吗？

吴志明：不是，做戏时父亲为我改了名字叫“小吴惜衣”，也曾经改为“吴香玲”。新中国成立前我在八和会馆登记的名字应该是吴香玲。记得我曾在粤艺发展中心找到一份名单，上面就有吴香玲这个名字，当然你们不知道吴香玲就是我，哈哈。

何　车：你当年是怎样学做戏的？

吴志明：嫦娥英[1]在家中教戏，他很喜欢我，我从旁观看，那时我的名字是吴善卿。“师父诞”要找人演哪吒，嫦娥英说：“阿卿做啦。”要我演哪吒出世，当时我五六岁，我还记得那时戴着一件肚兜，穿着三角裤。有个师父教我藏在巨蛋形的道具装置中，如果有人敲打道具，就放开双手走出来，跑到嫦娥英老师前面坐到他腿上就得啦，就是做这些动作而已。在“师父诞”中，武打演员很威风的，戏结束的时候，他们就堆人山[2]。

何　车：《香花山大贺寿》中有这样的表演。

吴志明：是啊，像“祭白虎”[3]“跳大架”等我都见过了，《天姬送子》等排场戏也曾演过。到新中国成立前夕，陈锦棠[4]组的戏班，原来由陈小茶担任第四花旦，后来她因某些原因离开了，不知道吴惜衣用了什么办法，安排我顶替她。吴惜衣有很多私人演出物资，就把这些东西给了我，用来做顶替陈小茶的条件。那时我真的不清楚怎样演戏，可能只识出场和入场……当时打锣鼓师傅是钧叔[5]。后来在剧团工作时，我曾私下问钧叔：“那时我的戏演得怎样？”钧叔说：“你不过不失啦，扮相、嗓音还可以。”所以我演戏的历史就是这样奇怪。

---

① 嫦娥英（生卒年不详），20世纪初粤剧男花旦。

② 传统例戏《香花山大贺寿》中的杂耍表演。

③ 又称“开台”，传统例戏，旧时戏班下乡演出，凡新搭建竹木戏棚的地方都要“开台”。

④ 陈锦棠（1906—1981），香港著名粤剧演员。有“武状元”的称号，行内敬称他为“一哥”。

⑤ 指林钧，粤剧乐队掌板，精通粤剧传统锣鼓。

后来吴惜衣做班主组班，我就和罗丽燕、罗剑飞、蔡群玉[①]拍档，两家人合作，罗丽燕就跟她父亲罗剑飞练功。罗丽燕基本功很了得，在《十三妹大闹能仁寺》中扎脚演出。相反，我吴志明就什么都不懂，就是因为班主是吴惜衣，所以才在戏班中有位置。在《六国大封相》中，除了“包尾车”和最后的“胭脂马”[②]，所有的女性角色我都演过。当时跟罗丽燕一起推车过场，我们的感情很好，因为年纪差不多，大家的工钱都是一样。

何　车：你不说我真不知道，我以为你只是跟着戏班做“梅香”，原来你在戏班的经历是这样丰富的。

吴志明：丰富？畸形才是。我感觉这个家庭没有什么温暖，没有父爱，也没有母爱，因为母亲在家没有地位。我大约十岁的时候，曾经看到母亲自杀过两次，一次上吊被救了；另一次是食鸦片，也被救回来。我憎恨这个家庭。新中国成立初期，我父母要离婚，因为我们家在社会上都算得上有地位，不想太张扬，就问我们四个选择跟随父亲还是跟母亲。哥哥已经出来工作了，可以独立了，我和三弟都表示要跟母亲。最小的四弟只有六岁，当然要跟着吴惜衣。吴惜衣不喜欢我，初时可能只想把我当作“摇钱树”。后来知道我性格叛逆，就准备把我卖到新加坡，当时我只有十几岁。

我跟了母亲后，就好少回家了，多数住在三叔家或者回乡下。在乡下的时候，祖父请了一个私塾老师来教我们读书，我就和一班同乡姊妹一起，在八嫲家的大厅里上夜学。当时学的是古文，大约学了大半年。如果有戏演，就出广州，多数时间还是留在乡下。

---

① 罗剑飞（1910—1965），20世纪30年代著名粤剧小武，时任广州青年粤剧团团长兼艺术教师；罗丽燕，罗剑飞女儿，广州粤剧团演员；蔡群玉，粤剧花旦、教师，罗剑飞妻子。

② 传统例戏《六国大封相》中的表演程式。

吴志明（左）与三弟合照

1950年大年初一晚，我最小的四弟在宝华路大屋二楼遇上火灾被严重烧伤。祖母和吴惜衣居然说不救人，先抢救财产。街坊见到有个小孩在大厅中躺着，已经严重烧伤了无人理。当晚我在三叔家，有人告诉三叔这件事，三叔要马上救人，由他出钱，把四弟送到当时最近的柔济医院①。由于那时父母已经离婚，所以不允许母亲去探望四弟，只有趁他们不在，母亲才能够到医院匆匆望一眼四弟。我在医院陪着四弟两日两夜，因为抢救不及时，四弟最后还是死了，才刚刚七岁，很惨、很苦！

我目睹弟弟的惨死，母亲受尽折磨，我对这个家庭只有恨，没有半点留恋了，就彻底与父亲脱离关系，转身离开这个家，什么都没拿走，一件衣服都没带走（其实什么都没有）。就是在那个时候把名字改为吴志明，后来就到继父家生活。

我继父曾达全艺名叫“小金刚”，是曾超允②的爸爸，他对我很好。我跟母亲到他家的时候，曾超允已经出生了。因为他们

① 位于广州荔湾多宝路，新中国成立后改为广州市第二人民医院，现为广州医学院第三附属医院。

② 曾超允，吴志明异父异母的弟弟。

家的生活环境也不太好，因此我很想自己独立，但是我没有什么本事，在新中国成立初期又如何出来工作呢？所以很渴望继续读书。当时有一个街坊介绍我到国家银行学校读书，学校分初、中、高三级，读完就可以找份工作了。我就去了那所学校读初级班，读了半年毕业。然后我去考新华书店，可惜考不上，就唯有再读中级班，又读了半年。那时是1951到1952年间，正值抗美援朝，我就继续考试找工作，考长堤那间最大的中国人民银行。初试过关了，但是面试不过，原因就是家庭出身不好，“蛇王满”是工商业兼地主，吴惜衣是自由职业者兼地主，自然就落选了。恰逢国家选干部，由人民政府招聘，我又去尝试，笔试过关，面试又再次因为家庭出身原因而落选了。

何　车：这些经历我深有同感。

吴志明：是啊。我有同学当上了干部，在政府部门工作，因她的出身好。当时“小金刚”要养育儿子，他也不是很出众的演员，如果我找不到工作，家庭负担很重。后来在大沥有个医生，他说认识常平中学一个老师，就介绍我去工作。新中国成立初期山区、农村学校比较缺乏人手，结果在1952年，我就到了常平中学当会计。当时东莞县是林若①做书记，组织部和常平居委都很赏识我，要培养我。本来我很自卑的，觉得自己是地主家庭出身，但是我已经与吴家脱离关系，工作表现也不错，组织就愿意培养我。1953年我就入团了，1956年就培养我入党，我是在东莞县入党的，是区委的老同志做我介绍人。当时东莞只有莞中、常中和虎中②三间中学，常平中学的学生很艰苦，全部都是光着脚上学的。

何　车：我们以前在广州都是这样啦！

吴志明：我是第一批少先队辅导员，戴丝绸红领巾的。我在老师中年纪最小，其他老师跟我都很要好。他们叫我有空就去上课，

---

① 林若（1924—2012），时任东莞县五区工作委员会书记。

② 指东莞的莞城中学、常平中学和虎门中学。

其实我真的需要多学习知识，但是的确没有时间。我觉得在常中的生活算是不错了，后来还培养我成为这所中学的副总务主任。

常平中学时期与学生合照（后排右一是吴志明）

1955年我结婚了，1957年就生下女儿。在常平我没有亲戚，当时只有二十二岁，一个人十分辛苦，既要照顾女儿，还要经常到东莞开会。当时去东莞的路很崎岖的，生下女儿不足五十六天就要上班了。

1957年，恰逢有政策出台，要照顾分居两地的夫妻，我丈夫就让我申请回广州，做什么岗位都愿意。他在文化系统属下的演出公司工作。我一个人背着几个月大的女儿，骑单车到东莞拿档案，然后就马上回来了。接着就通过了市文化局的考试，原本我以为会被派到演出公司的，谁料1958年“反右派”斗争开始了，很多人都被定为“右派”，当时准备将粤剧工作团的会计朱秋雁划为“右派”。整个粤剧工作团没有骨干，就考虑把我调去。最后我就调入了粤剧工作团，与尤娟儿、李锐明[①]共事。李锐明和我是1957年调入的，尤娟儿是1953年从曲艺大队调入的。进入粤剧工作团工作后，领导也培养我，因为那个时候党员不多。我曾

① 尤娟儿、李锐明均是当时剧团行政艺术管理干部，与吴志明搭档多年。

做过工会干部，接替曾三多的女儿李楚云的职位。李楚云不做演员做干部真是奇怪，她担任第二花旦已经很出名了，演戏非常好，只是声线不太好。我不讲你们可能不知道，李楚云当时是何杰章[①]的未婚妻，两人准备结婚，谁料何杰章竟然被划为“右派”，两人就分手了。

最初我到团里是做“扫盲”[②]工作的，当时政府非常重视，知道艺人都没有什么文化。还有就是成立家属委员会，发挥一些大老倌太太的作用，对粤剧界我们的确有些办法。家属委员会的主席就是鉴哥的太太，吕玉郎、七哥等人的太太做副主席，其他有名老倌的夫人都加入了家属委员会。这个家属委员会起到一定作用，最起码不会“拖后腿”。1960年省、市粤剧团“分家”，我就入了广州粤剧团，然后就到青年剧团工作了。所以说我吴志明兜兜转转又回到这一行。

我在常平是最低级别的干部，每月领24.5元工资。罗丽燕与我一直有联络，她写信叫我回广州。当时她在冠南华剧团，她说：“你回来做第三或第四花旦，每个月也能有50到60元的工资。”我说：“我不去了，再多工资都不去，总之我就是不想再进这行。”可能因为家庭的原因我对戏行有很大成见，回想起来也觉得心酸。当时我觉得我是绝对不会再回来做这行的。其实我应该到教育局报到，但是丈夫去了文化局，文化局下属这么多单位，有新华书店、演出公司，我是恰巧又被分到粤剧团而已，再次回到粤剧这一行。那时是不能由自己选择单位的。

再次入了剧团以后，我就再没有离开过了，在这里工作了几十年，如果说谁见证了广州粤剧团的六十年历史，那就应该是我了。尤娟儿资历应该是最老的，但是她退休后就离开了。李锐明和我差不多，但是她其间曾到曲艺团工作。我吴志明就是“一锤

① 何杰章，原文化局干部，广州粤剧团总团团长。

② 指扫除文盲，是对文盲、半文盲进行的一种最为初步的基础教育。

锣鼓”[1]，没有离开过粤剧团。我退休后总团还返聘了我五年，到1994年取消总团时我才离开。我离开之后其实还继续致力于粤剧发展的工作，一些大型的演出活动、演唱会等，我都有参加，直到近年我才逐渐淡出这个圈子。在剧团的工作时间，没有人比我更长了，六十年内发生的事情我都了解。而且我在剧团一直搞艺术管理工作，没有做过其他岗位，我没有条件在政工岗位上工作，所以我不懂这方面的知识。

何　车：这是“神主牌”[2]不正的缘故，哈哈。

吴志明：到改革开放后才改变了极左的路线，之前一直都是“左”倾的。后来演出团成立支部领导，我就离开了青年剧团了。事实上我是很舍不得青年剧团的。

何　车：你在剧团的时间真是很长，你的经历与我相似。那时候我很怕政治干部和指导员，而我记得你一直都没有担任这些职务。你主要在艺术室工作，在青年剧团时担任艺术秘书。

吴志明：我又要讲到吴惜衣了，我知道你很想知道有关他的事情。省粤剧院给了一张他的化妆相和清装相给我，从相片中可以看出他是很注意化妆的。以后找到这些相片可以给你。

如果要谈吴惜衣的艺术，我只能够从表面上讲一些。我觉得吴惜衣有“三有”。一是有文化，他是大学生；二是有钱；三是有计谋，不是说他懂得为人民服务，而是在如何获利上懂得动脑。他能够在粤剧行内有一定名气，有以下几个原因。一是有钱。他用钱来包装自己，花钱很厉害，祖父也不管他。他一出道就做主角，从来没有做过“梅香”，没有担任过二线花旦。他凭什么组戏班呢？全靠巨大的财力支撑。只要付得起酬金，就能够找好的演员演戏。那时候，舞台上的大幕、二幕、枱椅等道具全部都是他的，而且都是高档货。说到讲究“私伙嘢”[3]，他算数一数二

① 戏行俗语，指一直在这个岗位做到底的意思。

② 原指祭祀祖先的牌位，这里指家庭出身。

③ 指自己出钱购置的演出物资。

吴惜衣化妆照片

了。二是有文化、有头脑。你不知道，他很喜欢粤剧，知道自己无功底，就请老师回来教。我是亲眼所见的，请了嫦娥英回家教授。嫦娥英在男花旦中不算红，因为他长得高，声音又不好，但是他有功底。除此之外，还请了一个男老师，我不知道他的名字。这个男老师不在我家住，但嫦娥英是住在我家的，食住都由我父亲包。就在宝华路那间大屋，现在大屋还保留在那里。

何　车：我听说嫦娥英当时年纪大了，没有戏班订他演戏，吴惜衣就请他回家教戏。

吴志明：我觉得他教得很好，那时我很喜欢看，因为他边讲边做示范，吴惜衣允许我一起学，因为我跟班都要学演戏的。吴惜衣希望嫦娥英能够帮他在某一方面有大突破，因为他不是面面俱到。以前旧戏班最重要的戏就是《封相》，戏班水平就是看《封相》的表演了，如果演得好，就已经拿到一半分数了。所以嫦娥英就专门教吴惜衣推车①，推车就一定要走好圆台，没有圆台的功底根本没办法推好车。我记得嫦娥英是怎样教他走圆台的：一要小步，要做到脚后跟先落地；二要侧身走，不能平身走；推车时，双手要“阴出阳收”②，不要把旗仅仅作为一块布，要把它当作“车”。全身其他地方一定不能动，只能靠双脚。嫦娥英就是要求他练到这种程度。吴惜衣就用两块铁皮做的“车旗”来练习，如果能够驾驭这两块铁皮，那推两块布就十分容易了。吴惜衣的车旗是“镶密片”③的，比一般的车旗重，比

① 粤剧传统例戏《六国大封相》中的表演程式。

② 粤剧“推车”表演的动作要领。执车旗时手背向上，手心向下为“阴”，反之则为“阳”；推车向前行要用阴手，把车拉回来就要用阳手。

③ 指把各种颜色的胶片依照特定的图案密密麻麻地缝在戏服、衣服或车旗上。

一般的车旗难推，但是他平时练习用的是铁皮，所以到演出时就不觉得难了。

宝华路的大屋很大，他每天就在家中练功。嫦娥英还要求他练习发声，男花旦一定要练习发声，否则就演不了花旦。他声线本来就不好，又没有去过专业学校，没有老师教，仅仅靠兴趣是不行的。他每天都要吊嗓，用这样的方法补救。嫦娥英还教了他"打引"[①]如何出场、"慢板"如何出场、"踏七星"[②]等基本功。他主要学习身段，我看见他每天早上都练功，由于我曾看他演《封相》，觉得他演"包尾车"真是不错。当时也没有录像记录下来。我看过很多人表演，但是都没有达到他的水平。嫦娥英认为亮相是非常重要的，所以吴惜衣亮相的时候，配合锣鼓，表演十分到位、出彩。然后就是"倒车"，为什么推车的过程中要停下来呢？原来是要表现车前进时受阻。这时候就必须往后倒车，接着轻轻一踢，再走圆台，表示绕过障碍物继续前进。他整套动作水平很高，全场观众鼓掌，这得益于他平时用"铁车"练习。

吴惜衣学习基本功其实没有人知道，他仅仅是请老师回来教。除了嫦娥英，另一位男老师的技艺也很高，我有很深的印象。我还记得他说："'水袖功'最重要的是运用手腕，而不是整只手都动，主要是使用大拇指把水袖顶上来，如果只靠两个拳头，根本做不到。"另外他教"踢蟒"[③]时说，需要先使用膝盖向上顶，然后再踢、执手。这位男老师把很多基本功都传授给了吴惜衣。

第三点就是吴惜衣还善于发挥自己所长，他专演苦情戏，从未演过少女戏。男人扮花旦演戏毕竟还是和女人有差别的，他演《花街慈母》《风雪夜归人》《胡不归》，这些都是"包大头"[④]的苦情戏。他演苦情戏时真会流眼泪的，并不是靠眼药水

① 指剧中主角上场时，唱念引白。

② 粤剧基础表演程式。

③ 粤剧基础表演程式。

④ 指饰演女角演员的扮相，后引申为表演行当。

那些东西。他就是善于扬长避短，他懂得这个道理。我曾经问彭寿辉[①]：“吴惜衣凭什么被选进《粤剧大辞典》人物分篇？”他却反问我：“为什么他不能选进去呢？”我认为他在抗日战争时期最风光，差不多就是汉奸，所以没有资格入选。但彭寿辉认为他对粤剧有贡献，而且身处动荡的社会环境，被时势所迫也是正常的。当时彭寿辉问我有关吴惜衣的事情，我说：“你不要问我，你去找吴粉超[②]。”吴粉超不是我的亲戚，你别搞错了。哈哈。吴惜衣收留吴粉超，就是欣赏他的化妆技艺，同时可以让吴粉超在戏班中担任一些角色。我们和他是没有血缘关系的。吴粉超是有文化的人，字写得很漂亮，很喜欢研究化妆，故此他给吴惜衣化妆，效果很好。

第四点就是时势造就了他。抗日战争广州沦陷期间，很多爱国粤剧艺人都离开了广州，分散到广西、港澳等地。唯独他仍然留在广州，那么就有了得天独厚的优势，他又懂得包装自己，走红是必然的。

他能够有这样的名气，我觉得是因为上述的几点原因。他的艺术我所知道的就是这些了，他有很多徒弟，包括颜铁英[③]、李华勇[④]的父亲等。新中国成立初期，他申请去香港，并不是偷渡去的。

何　车：那时候去香港是很容易的，好像不用申请。

吴志明：还是要申请的，听讲他到了香港后，从事一些粤剧教学工作。你不知道，有几个人都是他的徒弟，其中一个是陈好逑[⑤]。可能没有拜师，但是跟他学过身段、水袖功，她算是年纪最大的一个。还有钟丽蓉[⑥]，那时她经常来广州跟B哥[⑦]唱戏，可

---

① 彭寿辉，《羊城晚报》资深记者。

② 吴粉超（1923—2005），粤剧丑生演员，擅长粤剧化妆。

③ 颜铁英（1924—1991），广州粤剧团演员。

④ 李华勇，广东流行歌曲歌手，曾是广州青年粤剧团学员。

⑤ 陈好逑，香港粤剧演员，被称为“艺术旦后”。

⑥ 钟丽蓉，香港粤剧演员。

⑦ 粤剧行内对著名粤剧演员陈小汉的称谓。

能她知道我是吴惜衣的女儿，所以才告诉我的。后来我也听三叔讲过钟丽蓉是他的徒弟，但我三叔不是太清楚还有哪些人是他的徒弟。三叔没有踏足粤剧行，所以不知道。只知道吴惜衣是通过这样的方式来生活，此外他还做了一些慈善工作。后期因为中风入了玛丽医院，在医院度过了十几年。医院是免费给他进行治疗的。他刚入院时，钟丽蓉等徒弟都常去探望，给他点钱，但是吴惜衣这个人有脑又贪钱，是连自己子女都想剥削的人，总是向徒弟们要钱。别人见他经常要钱，又病了十几年，所以后来都没有去探望他了。这些都是我三叔跟我说的，所以他离世的时候是很悲惨的。

何　车：我从香港一些口述历史资料中知道，当时香港八和会馆的人都会定期去探望他的。

吴志明：现在我就要谈谈剧团人才培训的问题了。我觉得当时我们搞人才培训是有明确目的的，就是要出人、出戏、出成绩。当时没有经验，都是一边做一边摸索，没有可以借鉴的东西。谈培训工作就一定要提到1960年成立的青年剧团了。

何　车：中山戏院[①]还在的时候你已经进入青年剧团了吗？

吴志明：进了。1960年刚成立就进了，去沙村的时候，我就不在青年剧团，当时沙村有个点搞副业的。

何　车：我知道啊，我当时也在沙村。我是1961年从沙村出来的。

吴志明：为什么我们青年剧团能够做出成绩呢？我觉得时代背景很重要，那时省剧院成立了一个培训班，叫“粤剧青训班”[②]。当时曾生[③]做市长，你知道省市之间是有竞争的，领导都要争取做出成绩。曾生是喜欢粤剧的，他指示说：“省有‘青训班’，我们也要成立一个。”别人是“青训班”，我们就不要叫

① 位于下九路，邻近平安戏院，现已不存在。

② 指广东粤剧院青年训练班。

③ 曾生（1910—1995），广东人民抗日游击队东江纵队领导人，新中国成立后，曾任广东军区副司令员、广州市市长等职务。

"班"，要叫"剧团"。所以我们就叫"广州市青年粤剧团"。

何 车："青训班"中艺人子弟多。

吴志明：他们选一些有特色的演员，其中红虹[1]是代表。

何 车：还有陈晓明、吕洪广、小少佳、小筠玉[2]等。

吴志明：他们都很了得，所以功底好的演员基本都被选进了"青训班"。那我们青年剧团怎么办呢？不过曾生有这样的指示，我们就要考虑如何组建这个团。当时华嘉是文化局长，华嘉就认为入青年剧团一定要自愿，而且需要考试。当时你们这批学员努力练功，个个都专注在粤剧上，就是这个原因。我们选人的方式有两种。一是在社会上招收；二是在国营剧团抽人。当时市团下属有四五个团，这其实不是抽调，还是以自愿为原则的，还要考试。考试是根据你的艺术条件来考，按表演行当选人。剧团成立的时候，华嘉讲话侧重两点，他说："现在我是'姜太公钓鱼——愿者上钩'，你们自愿加入，就要全心全意，不要有怨言；在剧团会很艰苦，你们要有思想准备。"之后，方案逐步完善，选人的方法就是自愿报名，参加考试。

何 车：那时候，集中住宿是很少有的。

吴志明：当时要根据行当来招人。记得招你的时候，我们还未能拿定主意，你的声音不错。当时我们训练学员，黄志明、卢秋萍、黄明忠、潘玉麟[3]等人是属于表现不好的，我在这里就不讲原因了，就是比较调皮。"青训班"为什么不选他们呢？要么就是表现不好，要么就是政治条件不好。而且"青训班"选人比我们早，与他们特长相似的演员都已经有了。华嘉对我们说："选人还是首先看重艺术条件，其他的因素我们再来分析。"所以后来分析的结论：调皮也没关系，多教育就可以了，现在是招

① 红虹，粤剧演员，著名粤剧演员红线女的女儿。

② 陈晓明、吕洪广、小少佳、小筠玉均是艺人子弟。陈晓明是跟斗教师陈德辉的儿子；吕洪广是吕玉郎儿子；小少佳与小筠玉是靓少佳与郎筠玉的子女。

③ 黄志明、卢秋萍、黄明忠、潘玉麟均是广州青年粤剧团演员。

演员，又不是招政治干部。条件放宽了，有些出身不好的都能够进青年剧团，例如黄志明。

何　车：张德明[1]也是这样。

吴志明：当时很多人都是出身不好的，我们就没有考虑出身一条，陈少梅[2]也是这个问题。当时她考试不合格，因为声音不好，但是我们团缺刀马旦，很难招到一个比较喜爱这个行当的演员。陈少梅的特长在这方面，所以最后都是招她。我觉得当时招的这批演员还是比较齐全的。我觉得“青训班”遗漏了陈锦心[3]，可能因为他们当时已经有红虹了。

何　车：陈锦心的出身也是不好。

吴志明：不是，陈锦心的爸爸是做老师的。我觉得陈锦心条件比较好，声音好、样子漂亮、身材也适中，她很努力学习，但是领悟能力相对较差。她的表演是循规蹈矩的。

何　车：卢秋萍应该是后来才进入青年剧团的。

吴志明：是的。刚刚成立剧团的时候，我们都已经看中她了，但是当时她不听教。我们觉得她有条件，样子漂亮、声音好，人也比较聪明。陈锦心很努力，但是悟性就差点。

何　车：陈锦心演戏很搏命的，那时演《白毛女》，她有胆量从高台跳下来。

吴志明：还有我们剧团配备老师。在这一点上我们剧团做得比较好，要演员有进步、成才，就一定要有好的老师。那时我们有十多位老师，华嘉说：“还需注意培训文化。”所以我们还有两位文化老师——谭成和苏巧珠。谭成是大学生，苏巧珠的英语水平高，她是在香港的英语师范学院毕业的。

何　车：后来调她到图书馆，实在是委屈她了。

---

① 张德明，广州青年粤剧团演员。

② 陈少梅，粤剧演员、导演，先后在广州青年粤剧团、广州粤剧团工作。

③ 陈锦心（1942—1992），粤剧演员，先后在广州青年粤剧团、广州粤剧团工作。

吴志明：对啊，这是当时社会大环境所造成的。剧团老师的要求都很严格的。

何　车：我最大的感触是，剧团的老师不但水平高，人品也好。

吴志明：他们言传身教，例如梁钜洵[①]，即梁建忠[②]的爸爸，他是唱功老师。我记得有一次他在讲课，示范唱曲时，竟然流下了眼泪，学生看见老师如此投入，当然就更认真学习了。还有林艳[③]，即林家碧[④]的妈妈，她对学生也是很严格要求的，她说："你们不要去唱歌，唱歌就不要来听我讲课。"我觉得在那个年代，这是正确的，因为唱歌与唱粤曲的发音方法是不同的。林艳老师就是要学生专心学习她的发音方法。老师们的态度都十分认真，对学生负责，上课并不是敷衍了事，而是严格要求学生。

何　车：很奇怪，其实当时老师都没有什么理论基础，但是他们能够把学生教好，例如"老冤叶"[⑤]。

吴志明：他是教"吹口"[⑥]的。

何　车：但他也会教学生唱一些古老传统的曲目。

吴志明：但他主要是教"吹口"。我们团没有配专门的音乐教师，只是注重培训演员，所谓出人才，首要出的是演员。音乐师傅我们挑选一些已可以独当一面的人，例如，孔发、黄章球[⑦]。要有好的老师，才能教出好的人才。青年剧团之所以能够成功，这一点非常重要。

---

① 梁钜洵（1911—1999），原广州青年粤剧团唱功老师。

② 梁建忠，梁钜洵儿子，广东粤剧院导演。

③ 林艳，广州青年粤剧团唱功老师。

④ 林家碧，林艳女儿，广州粤剧团演员。

⑤ 即卢榕，广州青年粤剧团音乐老师，老冤叶是他的花名。

⑥ "吹口"有三种含义：一是指箫笛类乐器；二是指演奏这类乐器的人；三是指粤剧乐队中演奏这类乐器的位置。

⑦ 孔发、黄章球均为广州粤剧团乐队的头架和掌板。

还有是管理严格。要求演员集中住宿，连已经结婚的都不例外，梁逸峰、崔子瑛[①]就是已经结婚的，他们的年纪都相对较大。本来他们两人都不够条件进剧团的，但青年剧团最缺乏生角，张德明的样子和声音都不错，但是身形不适合做生角。梁逸峰的条件就不及他了，崔子瑛声音不错，但扮相条件稍差，他们都不是演生角的最佳人选。管理严格还体现在要求学员努力练功。“台上一分钟，台下就十年功。”

何　车：那时我们形成了一种努力练功的风气。

吴志明：当时要求六点半食早餐，但是到了六点半，学员们就已经在抢占排练场位置了，有些人还在天井、天台练功。那时学员有何国耀、何家耀、罗卫东、陈少梅、黎佩坚、沙绮玲、邓雪薇[②]等人。他们都很勤奋，当时我们是没有物质奖励的，对表现好的学员，仅仅是口头表扬。现在大家就觉得最重要是有物质奖励和报酬。

何　车：其实最勤奋的是我啊，哈哈，早上就要逐个陪他们练打把子。

吴志明：你可能是扫扫排练场而已。黄明忠就专门要邱宝兴[③]去买早餐。

何　车：我都试过。

吴志明：买回来黄明忠还要数有几个，看看邱宝兴有没有偷食。那时大家都过得很高兴。当时我是二十几岁，比你大一点，你们是青少年，我算青年。那班学员真是好可爱，既没有东西食，又没有钱奖励，什么也没有，就是要练好功、演好戏。

何　车：那时能到迎宾馆[④]演出就很欢喜了，因为有嘢食。

① 梁逸峰、崔子瑛均为广州青年粤剧团演员。

② 何国耀、何家耀、罗卫东、陈少梅、黎佩坚、沙绮玲、邓雪薇均为广州青年粤剧团演员。

③ 邱宝兴，广州青年粤剧团演员。

④ 指广东迎宾馆，是当时广州专门接待外宾的宾馆。

吴志明：还有就是要有计划。除了练好基本功，还要逐步拟定计划。第一年练基本功，第二年演出与练功相结合，开始要实践了，就从行当中选择折子戏实践，第三年就是演出为主，但是早上还是要坚持练功。这些计划都是公开的，你们所有学员都知道的。

那么怎样达到出人、出戏、出成绩的目标呢？有以下这些措施。第一点是要在学员之间形成一个竞争观念，竞争是他们最大的动力。当时青年剧团能够出成绩，竞争的氛围很重要，因为还有省剧院的“青训班”。此外，佛山青年剧团和廉江的“小云裳”①也是十分厉害的。这些都促使广州青年剧团要努力进步，不然没法与其他团竞争，也对不起领导的期望。除了学员，在剧团内部，我们干部都要努力。竞争有内争和外争。外争就是青年演员演戏时，外界给予的动力。内争就是，那时我们分甲乙角、ABC角，谁有条件有能力，谁就能够上台演戏。我们给每个行当，每个青年都选了练功戏，你蔡孝本都有。

何　车：是《夜战马超》。

吴志明：先是谭志基，然后是赵锦荣，接着就是彭景辉②，按理说应该是先到你的。那时的确是谁演得好谁上台，所有的角色都没有固定人选。不论外争还是内争，执行力是很重要的，必须讲到做到。这就是大家努力的动力所在。

何　车：我想穿插一个笑话，那次在迎宾馆演《杨门女将》，曾生就请了一群元帅来看，当时只演“探谷”一场。在“虎度门”口，罗永强顶替吴卓光演带马的马童，叫张彪，我就演包尾的宋兵。罗剑飞（飞叔）跟我说：“待会你不要打太多级翻，不然罗永强就没有机会表演了，哈哈！”

吴志明：当时罗永强身子比较轻，也年轻，级翻还是可以的。

何　车：演“探谷”的人中，我、吴卓光等几人，翻跟斗功

① 小云裳（1939—1997），20世纪60年代廉江粤剧团主要演员。

② 谭志基、赵锦荣、彭景辉均是广州青年粤剧团演员。

夫、身段也不错的。我们就是这样在舞台上竞争的。即便在后台打架，走上舞台，大家都很团结。

吴志明：接着我讲第二点：学艺要坚持“请进来，走出去”的原则。请进来就是邀请本团的一些有名气的演员如靓少佳、陈笑风、卢启光①等教导，走出去就是带行当、带人走出去，如白驹荣带黄志明，学习邓丹平的“盘夫”、林小群的“抢伞”等。

第三点是培养“集体英雄主义”精神。搞粤剧艺术，也有一个综合艺术的效果，所以要培养大家有“集体英雄主义”精神。我们选的戏都是集体演的，并不是一两个演员能够担纲的。排练或演出有各种行当的集体戏，如果大家都不认真，就不能保证戏的质量。这一条也适用于我们干部，我认为做干部都有分入不入角，我不评论政治干部，我们搞业务的都要入角，如果你不懂业务，没有积极为剧团服务，那就不算入角了。所以我们都要培养“集体英雄主义”精神。

青年剧团能够出人、出戏、出成绩，我认为内部原因就是上述的几个方面。

1964年广州青年粤剧团女同志合照（第三排左一是吴志明）

① 靓少佳时任广州粤剧团总团团长；陈笑风、卢启光时任广州粤剧团担纲演员。

而外部原因最重要的一条就是上级领导的关心和支持，没有这点，我们工作就会变得很困难。当时青年剧团是依靠总团的经济支撑，没有其他经济来源，要供养这一班艺人，情况比较困难。三十多名演员，还有老师等人。

何　车：应该一共有六十多人。老师十多人，乐队十多人，还有舞台队。

吴志明：对了，在困难的环境下，如果没有上级关心，根本没法支撑。那时候，领导真的非常关心我们，曾生市长曾经亲自到排练场看我们练功，这是十分难得的。记得我们那时没有什么东西食，就连练功服都没有，曾生市长就为我们解决了这些问题，他让我们到海军那里取一些布料做练功服。

然后就是政治上的培养。我们这批人原来只是搞艺术，曾生市长亲自带我们到老区。曾生曾是"东江纵队"①的司令员，他带我们到山区演出。群众见到曾生市长时十分热情。

何　车：我记得当时沿途都有人接风。

吴志明：我们的确受到政治上的教育。另外，凡是接待外宾的演出，还有"春交会"②开幕，演出任务都是我们青年剧团承担的。那时没有什么歌舞团、芭蕾舞团等，只要有这样的机会，那一定是我们广州青年剧团演出。我们是在广州迎宾馆演出的，我记得接待过很多重要来宾，包括柬埔寨的西哈努克亲王、日本的宫本显治、波兰总理等。

何　车：还有印度尼西亚共产党书记艾地。

吴志明：接待的中央首长有叶剑英、刘少奇、董必武、陈毅等。周总理1963年12月在迎宾馆观看我们演出的《白毛女》选场。

何　车：曾生市长还特意安排我们最后上场，演完还能跟首长们合影。

---

① 指在抗日战争时期，中国共产党在广东省东江地区创建和领导的一支人民抗日军队。

② 指在广州举办的中国进出口商品交易会。

吴志明：能够承担这些演出任务我觉得很光荣，这是我们精神上的营养，促使我们要更加努力，不断进步。你或许不知道，当时上级通知我们，希望带青年剧团到国外演出。

何　车：其实我当时就知道了，哈哈。

吴志明：当时曾生市长跟我们说："现在有条件，我们准备出国了。"

何　车：好像是准备去日本、印度尼西亚。

吴志明：但是必定要先经过香港，香港的演出是很重要的，因为要与香港的剧团比较、竞争。当时已经准备定做服装了，刚好在"文革"前。这些机会连省剧院"青训班"都没有。

何　车：那时是郎海山[①]对我说："你要睇住那啲位。"[②]我说："那些角色不是我演的，我要注意什么？"他就说："我现在跟你说，准备出外了，'位置'是你的。"即是要我顶替师兄的位置。

吴志明：因为那时剧团不能够全部演员都去。

何　车：我觉得有一点你说得很对，青年剧团每位演员的水平都差不多，我很反对现在的人评价青年剧团，说某某是青年剧团的"主要演员"。其实那时没有所谓的"主要演员"，只有主演，大家都是平等的。我记得当时在佛山，我们下乡演出，晚上我睡在猪舍上面，突然收到电话要我们回广州迎宾馆演出，我和何家耀、何国耀等人就去了佛山的宾馆留宿。我们从来没有住过宾馆，踏上宾馆的地毯，还笑说："为什么不见了自己的脚？"[③] 昨天晚上还住在猪舍，今晚就住在宾馆，我觉得大家的待遇是平等的。主演还没有启程，"手下"就先出发了，要到演出场地练习。所以当时整个氛围是以艺术作为标准，以演出工作

① 郎海山，广州粤剧团击乐师。

② 这里指要熟悉其他演员的表演技巧和调度位置。

③ 这里是戏言，因为酒店地毯柔软，脚踩在上面容易下陷，故笑称"不见了自己的脚"。

为需要，这些作风的传承是非常重要的。

吴志明：我觉得在政治上、艺术上都有培养人才的措施，所以说“文革”后，从青年剧团走出来后，每个人都是市团的骨干。我们的初衷是出人才，但演出的剧目也十分吸引观众，如《宝莲灯》。

何　车：我们是很有针对性地排戏的。

吴志明：我觉得《白毛女》也不错，还有很多短剧都不错。所以都算是出人、出戏，至于出成绩，我们在竞争中的成绩有目共睹。

何　车：《南海长城》《红灯记》《白毛女》这三部现代戏都算成功。

吴志明：目标基本达到，但是缺点还是有的。我们那时思想偏左，就连谈恋爱都是不允许的，还记得陈锦心说：“你不让我演我就不演了，我一定要和他在一起。”①我觉得很多规定都是过分了，不需要这样的惩罚方式，关键在如何教育，硬碰硬他们当然不接受了。培养人才的过程中存在很多缺点，特别是我们做干部的，都有不足之处。但是令我感到自豪的是，青年剧团的学员以后都成了艺术骨干。

我想谈谈青年剧团中赵仕强、蔡孝本，以及陈少梅三个人。赵仕强现在不仅能伴奏，还能作曲、指挥，现在已经能够排练音乐剧，而且很成功。陈少梅和蔡孝本，你们是一般演员出身，我觉得你们都是自学成才，而且都多才多艺，编剧、导演和演员都能够胜任。所以我觉得这三个人都是自学成才的。你说我看着你出身，但是你能够有今天的成就却是我意想不到的，字写得漂亮，知识渊博。没有在戏校专科毕业，但你的脑袋中一定还装有很多东西，全靠自学所得。我认为今天上级部门要好好总结你们的经验，你们的能力和知识不是从天而降的，一定是经过艰苦、努力的学习，付出了很多，这些对现在的后辈很有启发，必须好好总结。

---

① 陈锦心与黄志明后来结成夫妻。

接着就要谈艺术管理了，我觉得首先要明确自己的职和责，也要明确自己应为粤剧的发展做好服务工作。所谓艺术管理就是为粤剧服务，你要知道你要去服务，而不是“叹世界”。我认为干部就应该这样做，事实上我也一直是这样做的。当干部要少说多做，另外要注意发挥集体的力量。一个人是不可能把所有事情都做完的，也不能一个人把事情都做完，要发挥大家的作用。前面说到做干部要入角，不论你是外行还是内行。以前很多人说外行领导内行不好，其实不然，你入角，外行能够变为内行。如果你不入角，你作为外行，就不一定能够领导好内行了。我指的不是政治上的领导，而是在艺术上的指导。要解决外行领导内行的问题，你就一定要入角。还有一点就是你必须以实力来履行你的职责，职责能否完成，就要看你是否具备良好的业务能力。只是学习理论是不够的，必须经过实践的考验。

我们艺术室后期与艺术委员会合并了，很多工作需要一起完成。当时编制并不多，最多的时候是十三人，但我们做了很多工作。为演出团服务是我们的职责，所以我们做的一切都是为他们服务。我们有一个资料室，管业务资料和档案，还有一个图书室、打字室，以前总团都有。打字室就是打剧本的时候使用，我们需要抄写、印刷剧本。此外，我们还要统计各剧团演出的场次，向总团汇报，负责发稿费给剧作者。当时是按照演出场次，按规定给作者稿费的，由我们亲自送给他们。我经常到省剧院见莫汝城、陈冠卿[①]等，虽然钱不多，还是亲自

艺术室人员合照（前排中是吴志明）

① 莫汝城、陈冠卿均是广东粤剧院著名编剧。

送达。后来编剧、导演的事情归艺术室管理。我觉得有一项工作我是做得最好的，就是只要演出团有剧目演出，艺术室都会组织座谈会，彩排的时候，大家都去观看，并邀请各剧团的一些编剧、舞美人员、音乐员一同参与座谈。座谈会有很多好处，大家在会上都要发言提意见，互相促进，进行艺术交流，这就是一个提高的好平台。

为什么我说要发挥集体作用呢？我说一件搞笑的事情。我们为卜灿荣[①]在友谊剧场搞了场音乐会，这次活动由艺术室全权负责。演出那天下午三点半上台检查工作，我一看节目单就发现了一个错字，“卜灿荣”写成了“卜烂荣”。这就惨了，其他地方出错还好办，可是如果他看到自己的名字印错了，我们真不知道如何是好，观众看见都会觉得是笑话。“灿”和“烂”两个字字形差不多，但意思相差十万八千里。

何　车：可能负责印刷节目单的人总想着“灿烂”两字，所以就出错了。

吴志明：那怎样解决呢？当时这事我负责，因此我要想办法解决。我找到了卢盛霞[②]，她很有本事，善于处理这些问题，她对我说：“明姨，你不用担心，你号召大家集中，让谢志平立即到印刷厂，要求他们把‘灿’字全部打印出来，与节目单上的“烂”字的字号、颜色要一致，到时再按照字的位置贴好。”因为当时印刷厂是负责校对的，所以他们有这个责任。总共三千多张节目单要处理，七点钟观众就要进场了，卢盛霞号召所有人，包括周国英、李坚[③]等，把“灿”字贴在每张节目单的错误处。当时流水作业，一个人负责上浆糊，跟着另一个人就贴。出来的效果还可以，虽然还是可以看出有修改的痕迹，但起码不会有错误。卜灿荣都不知道这段小插曲，后来他知不知道，我就不清楚

① 卜灿荣，广州粤剧团演奏员，音乐唱腔设计。

② 卢盛霞，时任广州粤剧团艺术室主任。

③ 周国英、李坚均是广州粤剧团艺术室干部。

了，但是“卜烂荣”肯定是没法交代的，哈哈。这虽然是一件小事，但是若艺术室不发挥集体力量，仅仅靠我吴志明，是没有办法解决的。即便是我和卢盛霞两人一起，都解决不了。那时候，男男女女都一起做，陈铁汉[①]戴着眼镜都帮忙上浆糊，大家轮流作业，结果问题顺利解决。所以做管理、做领导的只要发挥集体的作用，有些事情马上就可以解决。如果大家都不团结，就克服不了困难了。

我们做了很多工作。艺术室和艺委会筹办流派演唱会，在平安戏院演出，把征求意见书发给所有观众，评比哪一个流派唱得最出色。后来统计结果显示，吴绮梅和大虾[②]（李自强）得票最高。吴绮梅唱芳腔，李自强可能是唱新马腔。另外还搞了传统剧目演出，演折子戏，包括《盘夫》《回窑》《别窑》《拾玉镯》等。最受欢迎的就是小木兰演的《拾玉镯》。还有搞了全团青年技艺比赛，团委会通过了搞这个比赛的提议，我们负责出方案和具体实施计划。连续搞了两届，那时红线女、陈笑风做主席评委，记得当时是郭凤女[③]拿奖。我觉得这些比赛促进了青年学艺积极性，这样的比赛是有必要的，大家竞争也是有必要的，在艺术上攀登是应该的。我们规定每月每个分团青年要到中心台演出一场戏。艺术室办了一份《粤苑小报》，第一期由华嘉提字，是油印的，由黄广德[④]和陈铁汉刻字，但是仅仅办了三期就没有了下文。没有人投稿，因为演员的文化水平有限。并办了练唱功、基本功、水袖功、扇子功的课程，请了省剧校的老师来上课。还办了一个规模较大的粤剧讲座，提高演员对粤剧的了解和认识，我们给学院的学员发听课证，当时连倪惠英都要听课。总团规定要来听课，由何建青、莫汝城等讲课。二十多年前，我们已经

① 陈铁汉（1933—2007），广州粤剧团演员、编剧。

② 吴绮梅、大虾均为广州粤剧团演员。

③ 郭凤女，广州粤剧团著名花旦。

④ 黄广德，广州粤剧团演员。

着手搞团志，当时因为篇幅有限，而且对以往几十年发生的事情了解不深，很多该肯定的成绩没有写进团志。我们已经把粤剧推广到小学、中学、大学，宣传和传授粤剧的唱、做、念、打。我们那时就已经做这些工作，而且还有考核，出一些题目让学生回答，还有抢答题、表演等。但是学生获奖没有物质奖励的。我们具体就是做了这些事情，发挥大家的作用，只有十几位工作人员，要做的事情很多，所以大家都要起作用，大家都要齐心做好事情，为粤剧服务，发扬和繁荣粤剧，部门的职责就是这样。有些事情演出团不一定能做，例如每月分团青年演一场戏的活动，有时候台期不对，就无法进行，而且总团困难也很多，所以很多事情开了头，都没能够坚持下来。

我觉得内行、外行都要不耻下问，不要不懂装懂。举一个真实的例子，越秀剧团有位干部叫徐淑芝，因为排戏前要先看曲，她就要求大家全部回来一起看曲。其实大家从来都不会集中一起看曲的，都是各自回家看，到现在大家的习惯依旧是这样。如果你硬要求大家集中一起看，这就是不懂行内习惯，让人笑话。这就是不懂装懂。后来她也没能够留在剧团。

何　车：应该是调到曲艺团了。

吴志明：所以你不懂就要学，要问。粤剧行内人都知道莫汝城是《搜书院》的编剧，她居然大喊："黄汉城。"编剧队伍中哪里找到黄汉城？当然还有很多笑话，不多讲了。

何　车：但是这些有趣的事正是我想知道的。

吴志明：例如《六号门》之"胡二卖仔"，她以为是长剧。我们粤剧团陈笑风的经典剧目，她居然不知道！如果你做艺术管理干部，如何入角？一些基本的常识都不知道。我觉得不懂不是问题，不懂就要学，就要问。有两个人是不耻下问的，一个是以前文化局的宣传部长黄云燕。记得当时我们下乡演出，向他汇报说："我们在沙村买了几十担禾秆草练三百六跟斗。"他看见了就打电话问我："吴志明，你没有搞错吧，打跟斗能够打三百六十个？"当时在粤剧行内，三百六十度跟斗已经很厉害了。他虽然是宣传部长，但是他不怕问你，所以问完就明白了。我说："不是打三百六十个，这是跟斗的形式，是转体的幅度，难度十分高的。"现在的演员当然厉害了，七百二十度也能够做到。

何　车：那个时候是自己摸索的，没有人教。

吴志明：另外一个人就是凌翕灼。凌翕灼被人称作"文胆"，他文化水平高，还是巡视员，相当于副局级了，而且文笔很厉害。他经常打电话来问我，当然是问与粤剧相关的问题。例如他问我："……人面桃花相映红。人面不知何处去，桃花依旧笑春风。戏中男主角叫什么名字？"我就说："是崔护。" 这就是不耻下问。他虽然是"文胆"，但是遇到自己不懂的也乐于请教别人。记得他还问过我："什么是搬一字腿？"他不明白，其实可以用文字敷衍，但是他想知道究竟是什么。我就回答他说："其实是一种表演形式，就是把腿抬到头部的位置，有人搬到左边，有人搬到右边，属于表演技巧。"

接着就要说以实力来履行你的职责了。你必须有实力和能力。我的实力和能力不算多好，但是我有感受，我觉得我做得不够。1960年，青年剧团就已经开始培养我了，跟你们一样是被培养对象。当时林奕[1]培养我搞艺术管理，让我专门管理你们的艺术行当。我对你们的表演行当心中有数，在团委会上提到你们每一个人的定位。另外培养我做舞台监督，青年剧团排戏的时候就有舞台监督，例如，当时排《宝莲灯》时请了一名大导演，是军区话剧团的。

何　车：应该是广州军区战士话剧团的付冰，排的是《南海长城》。

吴志明：《红灯记》就调了北京的骆洪年来做导演。他们都要求有配套的工作人员，舞台上必须有舞台监督，来执行和完成导演的整个艺术意图。那个时候，林奕就培养我担任这项工作。

① 林奕，时任广州粤剧团总团团长。

1980年，改革开放初期，我们广州粤剧团第一次出国，到新加坡等地。出国人员有红线女、陈笑风、陈小茶、黄志明、卢秋萍、吴粉超、白玉珊等等，总之人员齐全。当时组织很信任我，让我做舞台监督，我觉得在这次工作中受到了锻炼。到新加坡牛车水剧场演出时问题不大，那是在正式的剧场演出。后来，香港娱乐公司的负责人李聪[①]提出外国人想看粤剧，而牛车水剧场没有条件接待，要求到一间歌舞剧院演出。新加坡的歌舞剧院设置并不适合粤剧演出，天花上很多灯光设备，舞台上有螺旋形楼梯，那么应该怎样演呢？当时，南佗[②]是舞美设计，红线女演《搜书院》。《搜书院》的间幕是有规定时间的，它是不会等你准备完才开幕的。刘熹[③]的人比较好，也容易商量，他常常叫我“督爷”[④]。我问他：“现在该怎样解决？”他说：“不怕，你给提示我，我打慢点，或者打重句。”那时很多戏的间场都需要用锣鼓过渡，不是全部用音乐过渡。刘熹说：“我会‘执生’的。”他给了我信心。我其实是看不到他的，他坐在楼梯下，外面都围住，我根本没有办法跟他沟通。除此之外，还有舞台布置。南佗真是了得，其他场口不讲，单单是“柴房”一场就布置得十分妥当，总共三件道具要布置，舞台上的两件就按位置摆放，还有一件没有办法从后台布置。歌舞剧院没有后台、前台之分，有些道具要舞台人员抬着等场的，有些道具就放在音乐员旁边。南佗就把这件道具吊起来，那时负责舞台装置的伍继明等人也很卖力，当要用这件道具的时候，他们就蹲在上面用手慢慢把道具放下来。如果在牛车水剧场演出，只要按按钮，它就可以降下来了。舞台连侧幕都没有。最麻烦就是尾场的“轿”，没有地方过位，从出场到入场，全靠舞台人员帮忙，才能在狭窄的位

---

① 李聪，香港社华氏负责人。

② 南佗（1916—1996），著名粤剧舞美设计师。

③ 刘熹（1924—2004），广州粤剧团乐师、掌板，精通粤剧传统锣鼓乐。

④ 指舞台监督。

置走过来。总之，我们就这样解决了演出的困难，而且演出算是十分成功。虽然艰苦，但是能够做好，外宾观赏了女姐的表演都十分高兴，李聪和导演都称赞能够在这样的环境下完成演出不容易。红线女就表扬了我和南伦，称我是“穆桂英”，南伦是“黄忠”。新加坡当地送了三个用K金打制的新加坡国花胸针，女姐一个，我一个，还有一个记不起给谁了，这说明我还是有点成绩的。

后来李聪提出要调我到香港的娱乐公司，他认为改革开放初期，懂粤剧的人不多，就希望我过去。我说：“需要等组织的安排。”听说当时文化局和林奕都不愿意放人，我觉得无所谓，因为做生不如做熟嘛。

后来要写总结，我是舞台监督，市委的陈殷明和文化局的华嘉负责带队，何杰章是秘书，所以他负责写总结。何杰章写总结上报文化部，点明这次出国属于文化艺术交流，他对我说：“我和你都受到了表扬。”

1986年举办“纪念薛觉先逝世30周年”活动时，在纪念堂组织演出三场戏，一场是《花染状元红》，一场是省、市剧团合作演出的《胡不归》，最后一场是演唱会。当时我是演出部的部长，负责艺术管理和筹办工作。详细过程我不多说了，演《花染状元红》的时候，在开场前半小时，红豆子（林家声妻子）跟我说：“不能开场。”原来是省台调好设备准备录音和录像，红豆子认为他们没有权去录音和录像，因为香港人对版权是非常重视的。我是舞台监督，她不允许我开场，我就只能马上请示领导，当时领导是王建勋、陈仕元[①]。大家都不知道如何是好，王建勋就对我说：“明姨，你想个办法。”我已经很着急了，就说：“首先要尊重红豆子的意见，硬来是不行的，坏了别人的规矩，可能会影响林家声的演出，这样唯有把录音、录像设备都撤去。”大家都有疑问，因为省厅有领导来，如果撤去怎么办？我

① 王建勋、陈仕元均为广东粤剧研究中心负责人。

说："那是后续的工作，今晚无论如何一定要撤去。"当时我与录像师父很熟，我负责向他解释道歉，费用赔偿由大会负责，向红豆子解释的工作又是由我负责——设备虽然撤去了，但还是要道歉的。后来领导们就一致决定按照我的意见执行，我就觉得这是必须的，因为台下有五千多名观众，迟一点开场都不行的。所以林家声演《花染状元红》一直都没有录像，也没有录音。我当机立断处理了这件事，觉得自己从艺术角度出发处理问题应该是没有错的。

芳艳芬[①]到广州演出时，在友谊剧场，王建勋再次让我负责舞台监督。他让我考虑一个问题，芳艳芬跟红线女的会面形式。因为她们俩对对方都有意见，但是又一定要同台。红线女是广州粤剧团的演员；芳艳芬是市属剧团接回来的，当时叶选平[②]都到场会见芳艳芬，她是香港的著名演员，又是来做善事的，还赠送了一批芳腔录音，并将此次演出收入全部捐献出来。这两人是一定要见面的，究竟双方以什么形式出场？这次演出由我们艺术室和艺委会负责，那时候人才济济，有周国英、卢盛霞、李坚等一批有丰富经验的干部。两人见面的形式，大家讨论了很多方案，过程不多说，最后定的是在舞台上两人拉着手出场。开始大家认为她们在演唱会上最好以演唱的方式一起出场，但是我持反对意见，我建议不要以演唱的方式，因为像两个流派打擂台，难免会有比较。我说："千万不能同台演唱，只能两人上舞台讲话，表现红线女热情接待芳艳芬，两人的矛盾在舞台上得以解决。"结果她们都愿意这样做，上到舞台，大家都很客气，红线女对芳艳芬说："还记得我们演《封相》时，一起演'宫灯'[③]。"

有一点我漏了说，就是为什么艺术管理干部需要入角。记得

---

① 芳艳芬，原名梁燕芳，香港著名粤剧女演员。她唱腔自成一派，人称"芳腔"，且被誉为"粤剧花旦王"。

② 叶选平，原广东省省长。

③ 指提宫灯过场的配角演员。

去新加坡表演之后，我们到香港演出，红线女表演轰动一时。我们搞了一场省港合作的演出，演《胡不归》，林家声与红线女演了一场“慰妻”。我们搞业务的人员就要集中商谈，除了我们，还有香港八和会馆的人，也有林家声的班底。当时我还年轻，有个叔父可能看不起我，就问我：“这场戏需要大帐么？”我说：“肯定要的。”他问我：“为什么呢？”我回答：“戏中有两句曲词：‘为妻垂罗帐，陈绣枕。’那就是要有大帐了。”叔父听完就马上称赞我。所以你要有本事才能够应对这些专业人士的提问，没有这些知识，那就麻烦了。芳艳芬来广州演出我们做到了主人、客人和观众都满意。

1987年，我加入了中国戏剧家协会，即二十多年前我已经加入了这个协会，我猜在广州既不是演员，也不是剧作家的人能够加入中国戏剧家协会的就只有我了。所以搞艺术管理的人不要自卑，它都是一个行业，有它的规律。

何　车：艺术管理在整个戏剧艺术中是不可或缺的一环，甚至是重要的一环。现在香港是由“柜台”①负责这些工作。

吴志明的中国戏剧家协会会员证

吴志明：我们以前也是这样的，但新中国成立后就没有“柜台”了。你要知道，没有人是以我这种身份加入协会的。当时要入省戏剧家协会也不容易，如果你要成为省剧协会员，你首先必须是市剧协会员。全国的剧协是很难入的，我能加入是因为省

① 旧时戏班中负责日常行政管理、演出分配、财务的人员。

剧协副主席都有参加上述的几项活动，比较认可我的能力，他们做我的介绍人。李门是省剧协主席，我加入省剧协是陈仕元和陆正平做我的介绍人的，他们叫我加入时我说："我应该不够资格吧？"他们说："你在粤剧行业一个部门中工作，都是一个专业，有特定的规律，为什么不行呢？你填申请表，我们做介绍人。"

1989年，广州市人民政府给我颁发了从艺四十周年的证书。当然你从艺要四十年才有这个荣誉，到1989年我已经够四十年了，换言之，我在1949年就已经开始干这行了。证书是人民政府颁发的，证明了我是有一段这样的工作经历。

何　车：你的证书相当珍贵。

吴志明：我虽然讲了很多我取得的成绩，但还是有很多遗憾的事情的。而且能出成绩是依靠了集体的力量，我也完成了自己的职责，但事实上有很多事情做得不够圆满。回想起来，当时我的下属现在都比我能干，他们依靠自己的不懈努力，有了今天的成绩。如果是一所学校，教师所教育的学生优秀，教师是有奖金的，如果我都有就好了，哈哈，当然这是说笑的。

我有几件遗憾的事情，说出来也是告诫大家做工作不要留有遗憾。

第一件是关于何建青调整工资的。在我们心中，何建青与谭青霜应该是工资持平的，换言之，调整工资时就应该把他们的工资调到同一水平。当时艺术室全体同志都通过，但上报后总团不同意，特别是林奕，所以后来何建青对他很有意见。那么艺术室又再一次讨论，但是大家都还是觉得应该调整。要调到跟谭青霜平衡，这只是我们的想法，结果也是不通过，何建青始终低谭青霜一级工资。这件事是我吴志明没有做彻底，没有尽最大的努力。可能我怎样争取，总团都不会批准，但是我怎么不到文化局等有关部门反映这个问题呢？或者会有解决的办法呢。我们出国回来后，总团所有干部都提升一级，就只有我吴志明没有提升。我的工资待遇是林奕为我向文化局争取的，所以我也是可以为何建青到文化局争取的，我没有这样做。这是他的遗憾，也是我的遗憾。

第二件事是陈冠卿擅自改了谭青霜的《柳毅传书》[1]，这令谭青霜很气恼，他向我们艺术室反映。作为负责人，我应该要完满地解决这件事，应该要替谭青霜抱不平，但我只是到省粤剧院艺术室反映了意见。其实省粤剧院艺术室是不会向陈冠卿做解释工作的，我应该亲自找卿叔谈话，同时做好谭青霜的安抚工作。可能这些前辈直到离世时都未能释怀。我是应该努力做好的，即使最后不能解决。

第三件事是“纪念薛觉先逝世30周年”的演出，省、市剧团合作演《胡不归》，最后一场“哭坟”，由谁演文萍生[2]呢？当时省粤剧院提议让彭炽权[3]演，我代表市团同意了。在业务上我是负责演出的具体安排的，我为什么同意？因为考虑到当时彭炽权是当红演员，样貌声音都不错，虽然不是唱薛腔，但是他唱新马腔，风格上接近薛腔。结果最后就是彭炽权出演了。那时不会选择林家声，是因为他与红线女已经演了一场“慰妻”，罗家宝也有一场演出。因为这件事，三哥[4]在陶陶居大骂了一场，在场的人回来告诉我：“明姨，三哥很有意见，他说这个角色应该由锦哥来演，为什么你同意让彭炽权演？”这件事我没有处理好，如何向三哥解释呢？如果见面向他提起，肯定会给他骂的。以前在艺术室我就经常受他的气，但是我都能够忍受，因为我觉得他做了右派多年，一直没有机会去发泄自己心中的郁闷，现在他要出出气，当然要顺着他了。记得有一次送他演出的票，又给他骂了一顿。当时在友谊剧院演出，他的座位安排在二楼第一排，也算是好位置了，但是也给他骂了。这些只是小事，但让彭炽权演文萍生这件事令他耿耿于怀，是我没有做好解释工作，的确做得不够。

---

① 剧作家谭青霜的名作。

② 粤剧《胡不归》中的男主角。

③ 彭炽权，著名粤剧演员，曾在佛山青年粤剧团担任主演。

④ 粤剧行内对著名编剧何建青的尊称。

所以我希望大家吸取教训，该要做好的就要尽力做好，不要让大家都遗憾。

何　车：其实今天你讲的很多事情都令人感动，但是有一件事你没有提起。

吴志明：什么事？

何　车：那次你“欺骗”了我。1987年，我回来排戏，你推荐我：“你和红线女排戏。”我说：“我行不行？”然后你就说：“你试下啦！其他人不行，但你可以尝试。”我后来就知道上当了。

吴志明：那不是欺骗。改革开放后，我们剧团的演出是比较兴旺的，演了很多新剧目，卢秋萍一个人都有几个剧目，包括《卖油郎与花魁女》《十五贯》《二女争夫》等。剧团在那时已经搞“走出去，请进来”了。“走出去”的例子就是卢秋萍与文千岁、杨柳青[①]等合作。记得你那时很厉害，文千岁是不可能每出戏都回来参加排练的，你蔡孝本居然可以一个人背熟七套戏中文千岁唱的曲词，顶替他与卢秋萍排练。所以如果没有人肯顶替文千岁排练，戏还如何排练下去？还有排《魔水之恋》的时候，团会议时，我竖起大拇指称赞你，我认为《魔水之恋》蔡孝本排得不错。当然这部戏没有很多传统元素和排场，它不是传统的题材，而是现代戏，当时与健力宝合作，就必须突出他们。我并没有超前的思想，但是我认为《魔水之恋》搞得不错。这是你做了导演后的第一部戏，后来我推荐你去排戏，就是因为我对《魔水之恋》的印象很深。

目前我对粤剧艺人的寄望是这样的，我认为不论是新人还是旧人，大家都应该有一个“传、帮、带”的观念，新旧艺术家都需要这样。另外就需要言传身教，对于这方面我有很深的体会，要像以前老艺人那样，德艺双馨。老艺人中靓少佳就是榜样，佳

---

① 文千岁、杨柳青均是香港粤剧演员。

叔[1]教家耀、国耀时，他还未教自己的小儿子小少佳。他很希望他们能青出于蓝，作为一个老艺术家，从来不自私，如果你能够超越他，他会很高兴。举一个例子，排演《西河会妻》时，是何国耀主演，当时他跟我说："明姨，我想从高台翻跟斗下来，下水救妻时，也翻跟斗。"这是靓少佳表演的时候没有的技艺。所以他说："佳叔不是这样教的，我能不能这样表演？"我说："我去请示佳叔。"佳叔听了后就说："当然没有问题，他比我演得好，我做不到的他能够做到，我教别人并不是要求他完全模仿我，是希望他能够比我做得更好，如果做得差，那么就没法接班了。"所以我们都要向佳叔学习，不要害怕别人超越自己。现在我觉得有些人还是害怕别人超越自己。

第二个就是飞叔罗剑飞。他的儿子罗卫东是打跟斗的，在他之前有潘玉麟和吴卓光，飞叔大公无私，觉得潘玉麟打跟斗很有天赋，除了身体轻，身高合适，技艺也比罗卫东要成熟。他没有自私，就让潘玉麟先学习三百六跟斗，他是能够真正地从艺术出发，从培养人才的角度出发。还有七叔，也是令我感动的，当时我带着黄志明到他家学习《二堂放子》。七叔说："你先唱几句我听听。"黄志明就唱了，听完后，七叔就说："你的声音真好，比我要好，有前途。但是有好的声音，也要懂得运用。就像刚才一句'打在儿身，痛在为父心肝'，你的声音就用得不好了，因为这时并不是炫耀声音的时候，而是需要运用感情的时候，当时的情感是痛心的，需要用鼻音唱。否则就不能感动观众。"七叔讲得好具体，言传身教，示范了好几次，然后让黄志明唱一次给他听，再给他提意见。黄志明当时是无名小卒，白驹荣已经是相当出名了，还是粤剧学校的校长。后来他还邀请我和黄志明一起食饭。

除此之外，邓丹平、李燕清那些前辈都很好的。邓丹平教梁逸峰与崔子瑛，他说："这个角色要表现得很潇洒，水袖功、唱

① 即著名粤剧小武靓少佳。

腔、表情都要显示出潇洒，既多情也温柔，不要乱做，我来做示范。”他们虽然不是我们市团的人，但是都热心地帮我们，当时是没有报酬的，这是很难得的。我们曾经请教李天祥，他翻跟斗的水平很高，那时国庆节游行，他在检阅台前打大翻。我们就带潘玉麟去跟他学习，他说：“打大翻要做到先慢后快，刚开始几个要慢，后面才要快，如果先快，你就没有气力了。”这些就是要诀。他还对潘玉麟说：“你的身材条件好，适合打级翻，你要用心学习。”所以我希望现在的艺术家能够做到言传身教，要发挥“传、帮、带”的作用，为了培养人才，为了粤剧的发展。

最后要谈谈我自己难忘的事情，其实有很多难忘的事情，因为我在这里工作了五十多年。我在这里只讲两个印象最深刻的人。第一个是陈小汉，我觉得他对艺术很执着，我与他搞《艺术大观》时，请了毛戈平①为他化妆，毛戈平化妆要三个小时。当时我们排戏是九点半开始，那么B哥（陈小汉）就要很早起来了，路上要花一个小时，化妆要三个小时，那么他要提早多少小时起床？我们花了一万元一天的报酬请毛戈平来，还要包食、包住、包机票，但我认为是值得的。

你们都看了B哥的《艺术大观》，效果很好。我们每天连续工作十多个小时，到晚上十点才结束，摄影场那里十分寒冷，大家都穿了很多衣服。你想想B哥在这样的环境下演戏，还要记台词、对口型，他的心脏是做过手术的，因为有痛风症，脚也肿了，但是一到排练场，所有的困难他都克服了。我们可以坐下休息，他就不能，只能等排练完成后才能休息。他就是这样熬过来的。总共花了一个月的时间，排完长剧又排折子戏，中间只休息了两天。当时我也病得很严重，连身体比较硬朗的杜国楠都病了。但是大家都没有怨言，B哥比我们要辛苦一百倍，他的工作时间比我们长得多，卸妆也要一个多小时，他没有一句怨言，所以我们都很佩服他。他坚强的意志令我很感动，他一心为了艺

① 毛戈平，著名电影化妆师。

术，为了完成这项任务，发扬和繁荣粤剧，不是为了自己。

第二个是黎奕强[1]，他是一名干部，有魄力、有胆色，而且很懂粤剧这一行，很尊重艺人。曾经在我们团做团长，后来在文化局做副局长。有两件小事我一直都记在心中。第一件，他带队去香港进行三地南派汇演，我是艺术总监，周国英是舞台监督。开场演传统戏《三帅困崤山》，我巡视的时候发现有一名演员未化妆，我问："快开场了，为什么还未化妆啊？"他说："没有东西，怎么化妆？"我说："你需要什么？"他说："我需要鸡蛋的蛋白。"我就想去哪里找鸡蛋让他化妆呢？由于我们演出的地点不是在新光戏院，而是在香港大会堂，那里很难找到卖鸡蛋的地方。我就找谢志平，问他："这件事如何解决？"他说："在这里我连方向都分不清楚，不知道到哪里买。"没有办法之下我就跟黎奕强汇报，把情况告诉他，商讨解决办法。他说："让我来解决。"我不知道他的解决办法是什么，但是他确实把鸡蛋拿回来了。这件小事做得不好就会变成大事，所以不要小看

在"陈小汉唱腔欣赏会"记者招待会上主办人员合照（左一为骆庆几，左二为吴志明，左四为郭慧，右一为郭英伟，右二为陈自强，右三为卢盛霞，右四为陈小汉）

① 黎奕强，历任市文研所所长、广州粤剧团总团长、广州市文化局副局长。

小事。他级别这么高的干部都愿意帮你解决这件小事。第二件，在广州举办的某大型颁奖会，我们选了《罗成写书》去参加，在准备时必须考虑演员的安全问题，演出舞台上必须要有地毯，但是当时的会场没有地毯。我们就把地毯带过去，但是活动的总导演不同意我们使用，黎奕强就根据我们的实际情况争取。导演不懂粤剧，我们就解释说："有些表演动作危险度高，如果发生意外就不堪设想。"总导演最终同意了，但搬地毯出入的时间只有十五秒，而且搬地毯时台上没有灯光看不到位置。陈少梅是节目监督，我作为艺术室的代表去帮忙，面对这种情况该怎么办？舞台队的同志说我们都未试过十五秒完成搬地毯。我们请示黎奕强，他说："行政人员马上回剧团把各团的'鬼仔衣'[①]全部拿过来。""鬼仔衣"是黑色的，搬地毯时观众就看不见舞台上的工作人员了。另外搬地毯的人手不够，黎奕强亲自上阵，参加舞

吴志明（前排右）、何车（前排左）与《访谈录》编务组工作人员合照

① 传统粤剧戏服，黑布圆领对襟，束袖短上衣；黑灯笼裤，打脚绑。

台队的工作，这样大家就变得有信心。站好位置，一起出台，一起下台，最后顺利完成演出任务。

今天我讲的东西可能不是太合何车的要求，如果有不足，你加以补充。

何　车：不是，你讲的正是我想知道的，多谢你，明姨！

访谈感悟

能够参加这次访谈工作，我感到非常高兴。与明姨相识数十载，在平时与她的接触和交流中，很少听到她分享自己的人生经历，而在今天，眼前这位慈祥的老人却手执十多页认真准备的提纲，向我们敞开心扉，用真挚的情感讲述她的故事，展现了一个不一样的吴志明。

作为“蛇王满”的孙女，明姨本应过上人人羡慕的“千金小姐”生活，然而，家庭赋予她的却是一段极不愉快的童年经历，令人感到心酸。童年的际遇间接造就了她与粤剧艺术的不解之缘，明姨在曲折的生活和工作经历中锻炼出坚强上进的品格，这使她能够从容地面对人生道路上的各种困难，令人敬佩。

明姨说：“我是剧团六十年历史的见证者。” 此言非虚，从事艺术管理工作数十年，剧团中的人和事都为明姨所熟知，她能够坦率地为我们披露一些鲜为人知的内情和趣闻轶事，十分难得。使我感受最深的就是明姨心中的“遗憾”，它虽然没有办法弥补，但我认为这种“遗憾”，恰恰反映了明姨心中对粤剧艺术、对粤剧团人和事的一份深沉的、难以割舍的感情。

感谢明姨情真意切地讲述每一段历史、每一个故事，为我们留下了宝贵的真实记录。

崔振强、区子珩

访问日期：2015年1月25日
访问地点：广州粤剧大院
受 访 者：郎海山
笔录及整理：陈冬琳

『大钹轰然扇直声』

——郎海山访谈录

郎海山，祖籍北京，满族，原名郎珠仔，粤剧击乐“八手”。他自小跟随堂姐郎筠玉在戏班学艺，从艺五十多年，有着丰富的舞台经验。他技艺熟练，对打镲的声量控制准确，抑扬顿挫分明，音色掌握得比较好。手法灵活多变，细腻流畅，兜搭精彩，与掌板和其他击乐手配合默契，在传统剧《怒吞十二城》《龟山起祸》和现代剧《红日》中，其大镲手法受到称赞。

郎海山大胆创新，在演出实践中把京剧的锣鼓打法运用到粤剧中，效果良好。

何　车：你好，珠哥[①]，我想跟你老人家聊聊天，回忆往事，再将讲话的内容整理成书出版，给年轻人阅读，让他们了解过去的事情，看看你们学艺的艰辛。我们忆苦思甜，随便聊聊天就可以啦！我们进入第一个话题，我是1961年认识你的，到现在已经有五十多年了。

郎海山：青年剧团的时候。

何　车：五十多年说长不长，说短不短，现在，好朋友也不可能有五十年的交情了。这么多年来，我入行跟珠哥你学习了不少东西。珠哥你是什么时候入行的？是跟哪个师父入行的？

郎海山：我是“父传子”的。正式师父只有一个。旧时要拜师，但是别人未必喜欢。

何　车：没有正式拜过师？

郎海山：有，正式师父只有一个。我十三岁的时候在越南拜师，师父花名叫“猛鸡林”，我叫他林叔。一个很偶然的机会，我拜他做师父。那时候在“大明星”[②]，佳哥[③]的打武戏多，他接佳哥的戏。他病了，就找其他人顶替。但做久了，别人就不愿顶替他了。

何　车：太辛苦了。

郎海山：对啊。武场戏不是说打得响就算了的，要有水平，级数很重要。有两三个顶替他的人都不干了。后来我大姐[④]叫我去做，要开锣鼓。那时候我打大锣有气有力。我原本学击乐，大姐叫我学演戏，我就学呗。开始我很不明白，后来明白了。我练过跟斗，跟卢伟棠[⑤]一起练的，也跟人家学过练拳。在家里自己一个人时我就练音乐。

① 郎海山原名郎珠仔，行内惯称他“肥珠”，所以这里称他“珠哥”。

② 指大明星剧团。

③ 指著名粤剧小武靓少佳，郎海山的堂姐夫。

④ 指郎海山的堂姐，著名粤剧演员郎筠玉。

⑤ 卢伟棠（1935—2004），广州粤剧团主要演员。

那时我只有十三岁，拿着一副一尺八大镲，不是现在小的那种，那镲大得把我也遮住了。梁金城[①]演《龟山起祸》，他站在台口整蛊我："肥仔珠！"——我的花名叫"肥仔珠"。我要把大镲移开才看得见他，他笑我矮小。后来大家跟我大姐说："他这么小行不行的？能顶得住吗？要注意体力。"大姐说："他都顶了这么久了。"当时我们做"八手"这一行，十个有九个都有肺病。

何　车："谷伤"[②]。

郎海山：后来我就去医院找住院的姐夫，问我年纪这么小做"八手"会不会有内伤的？姐夫告诉我不用怕，他的体型跟我一样小。姐夫让我早上去找他，其实是指导我，让我精益求精。我反而有点难过，他有病在身，还要教我。他教我基本动作，应该用什么姿势去打镲。他说我"公仔镲"的动作不行，并向我示范。

他说："年轻人喜欢把镲打得声音很大，以为很威风，搏命去打，实际上要根据剧情去打。"

他教了我很多窍门，包括如何站位。以前有一张八手枱，那枱大概一米，踩着脚踏箱，腰顶着八手枱，这已经省了我一半力了。现在已经没有八手枱了。打大场戏，用上身力抛起大镲去打，就"偷到鸡"[③]了。

我师父林叔教了我很多东西，让我懂得了不少。他提醒我不要什么戏都这么用力，尤其是文场戏。他原来是不收徒弟的，由于我是"父传子"，有基本功，他看到了我的打法，才正式答应我做他徒弟。现在收徒弟是"拜师不学艺"。以前收徒弟，师父会规范徒弟的作风和行为，所以如果徒弟犯了错，别人会直接问："哪个师父教你的？"直接骂师父，而不是骂徒弟。师父除了教技术，还要管着徒弟的生活。

何　车：刚才你说到"父传子"，令尊是谁？别说不记得哦。

---

① 梁金城（1920—1997），广州粤剧团主要演员。

② 广府俗语，意思是用力过度以致身体留下伤患。

③ 广府俗语，意思是偷懒，这里有借力、取巧的含义。

郎海山：郎小良。

何　车：你同仔姐是不是亲姐弟呢？

郎海山：她是我伯爷的女儿。大姐这么多兄弟姊妹，其他人不带，为什么要带我呢？开始的时候我有疑问的，后来知道我大姐喜欢跟我爸爸学艺，我爸爸吹弹打拉都行，也不会很严肃。我父母去世后，大姐就带着我。大姐那时候还没有成名，在“镜花缘”演戏，艺名叫“新俏仔”，担任“二式”，不是叫郎筠玉。后来陈皮梅退出，陈皮鸭就说：“让阿仔做吧。”后来大姐和任剑辉搭档，改名叫“郎紫峰”。大姐一直带着我出班。我只有早上练功，因为无多余时间，一上场就马上到位，日日夜夜都对着击乐。林钧问我有没有练功，我说没有。那时不是说自己行就行，要艺术水平过硬，别人认可，班主才会雇佣，当时我还没有正式坐位。我九岁的时候，大姐去了越南，我留在国内，跟林钧搭档。我十三岁的时候才去越南，跟师父学艺。

何　车：刚才你说了九岁出身，十三岁去越南这段经历。当演员收入比较高，你为什么选择当“八手”而不当演员？

郎海山：大姐当时不仅要我打大镲，还要我学习演戏。大姐算是我家长了，我虽然不明白她的用意，但还是听她的话，学打跟斗、学走圆台。练跟斗前我就练“鞠鱼”，“鞠”得我满身是汗，汗洒在地上就像人的影子。通过练功，我变得有气有力，反而对我做“八手”有帮助。

年轻时的郎海山

何　车：腰有力了，手有力了。

郎海山：无气无力怎么拿大镲呢？一尺八大镲来的哟！卢伟棠、梁荫棠、靓少佳那些打武演员，一定会找一个“打仔”打锣鼓。我们三个月一届班，刘豫峰订了苏炳去做，我们戏班就没有人打锣鼓了，于是请了河南数一数二的师傅打锣鼓，但是他打了一两场锣鼓就不干了。再请了另外一个河南很有名气的打锣师傅，他也顶不住了，还向佳哥道歉。打锣真的很讲究水平，不是随便坐上去打就行了，很考技术的。

何　车：珠哥，我对这一点深有同感。以前粤剧艺人，无论做戏班还是做河南班[①]，一定要有自知之明，要尊重艺术，自己不行就请另外一位上。我之所以有这样的感受，是因为我组过班，那个打锣的人说自己什么都会，那天晚上演出一开始，还不是大武场，只是一场《打金枝》，他一场戏打错四十多次锣鼓，我在后台黑板写着呢。这是怎么打的？先不说技术，连介口[②]都不行。时代不同，对艺术追求也是有差异的，前辈艺人对粤剧的尊重程度与现在不同。所以我听了你所说的很有感触。

郎海山：什么叫艺术？譬如讲，我会打【五锤滚花】，打锣的人都会打，但是其中很有学问，【五锤滚花】有时大声有时小声，有时慢有时快。我记得为某一套戏某一个演员打【五锤滚花】，有三个动作。

第一个动作，“确确，镲！的，撑！”动作起，“的，撑！”一撞，演员想说对白但又没有说。“的嚓嚓嚓嚓嚓，撑！”演员后退。

第二个动作，“撑嚓撑嚓撑！”一撞，撞到后面。“撑嚓撑嚓撑！”演员忍不住要讲对白了。

第三个动作，“嚓嚓撑嚓撑，嚓，的的撑！”演员开口道白。

这个是【五锤滚花】。老实说，不容易打的，打锣鼓时，“打锣”“大锣”“八手”要互相配合，因为他们打的属于同一类锣鼓，三个人若有一个不符合水平，整个锣鼓就打得“鸡毛鸭

① 广州以前把海珠区称为河南，“河南班”指集中在成珠茶楼的戏班，他们的艺术水平比河北（陶陶居）要差，是贬义词。

② 戏行术语。指剧本里有关动作、表情、舞台调度或其他有关效果的舞台提示。

血”[①]，合作是很重要的。以前打锣，肯定带一个下手，带着“大锣”“八手”。

有一次我回去，听见郑绮文说“打锣牛”[②]回糖[③]，我不敢相信，就去看看是不是这样。他打到累倒在一边，原来那些下手，你“嚓”他不“啶”，想要他用力他不用力，你不要他用力他却用力了。打锣鼓要根据气氛去打，脱离口白[④]是不行的。这就是大姐让我学演戏的原因。

何　车：懂演戏就会听锣鼓。

郎海山：例如“三批”[⑤]，不理解如何根据锣鼓扎架，演员懂演戏就会听锣鼓，这就是艺术。

何　车：差距就在这里。打锣要看演员，现在的阿哥、阿姐根本不懂“五锤”。

郎海山：他们不懂我们的传统锣鼓，所以就打京锣鼓，但京锣鼓大家都不懂。我记得有人说过，以前的艺术有很多条条框框，如果老前辈不走，他们新人就很难上台。现在老一辈玩音乐的只有我和黄壮谋[⑥]，刘熹、姜林、林钧、邓细[⑦]都去世了。最早的一辈是“鸿钧老祖”[⑧]“打锣树”[⑨]、黄其浩[⑩]，第二辈是陈

① 广府俗语，指的是宰杀鸡、鸭的时候一片狼藉的情况，意指情况混乱或损失惨重。

② 指广州粤剧团掌板刘熹，因他的乳名叫“阿牛”故称他“打锣牛”。

③ 戏行术语，喻指某些艺人年纪大，因各种原因导致技艺倒退。

④ 戏剧舞台演出时演员的念白。

⑤ 粤剧表演程式，表示角色追问的剧情。

⑥ 黄壮谋，广东粤剧院乐队头架、音乐唱腔设计。

⑦ 刘熹、姜林、林钧、邓细均为有名的粤剧乐师。

⑧ 指太平剧团的打锣师傅马根。

⑨ 指著名打锣师傅罗家树。

⑩ 黄其浩（生卒年不详），20世纪30年代香港著名掌板师傅。

昌、陈燊[①]，第三辈是荣仔[②]。我离开剧团很久了，也不清楚现在的状况了。

何　车：现在有一个新的论调，演员认为粤剧不需要锣鼓，锣鼓束缚了表演。你刚才说的京锣镲，不容易打的。我钦佩珠哥的"一尺八大镲"，你的京镲更厉害，打出了"骚味"[③]。我们小时候在青年剧团，听了觉得很舒服，很好。现在长大了听京锣鼓，觉得"全俱唔系"[④]，现在只懂"四指"[⑤]，一味"四鼓头"扎架，我们现在的演员不懂四锤，就懂得最后一锤扎架。京锣鼓尤其是京镲不是那么容易打得好的，在我心目中还没有谁能有珠哥你这样的水平。

郎海山：我们原来就是学传统的粤剧锣鼓。我二十岁北上参加第一届全国戏曲观摩演出大会，陈酉名[⑥]做导演，演员有罗品超、仔姐、阿镜[⑦]，而曾三多则演《表忠》，林榆当团长。在第一届全国戏曲观摩演出大会上，京剧最厉害，李万春、李少春、梅兰芳[⑧]都有参加。我出生在艺术世家，所以我很沉迷艺术，一听见京锣鼓响，我就入迷了。

他们也很喜欢我们的锣鼓，高百岁[⑨]对罗品超说，我们的【快中板】很好听，想罗品超教他。在汇演中，大家会互相交流，我向著名打锣师傅魏少初[⑩]等人请教，他们很保守，因为我"细粒"，他们当我是小孩子。有一天我看他们打"八大

---

① 陈昌、陈燊均为广州粤剧团乐队掌板、击乐设计。

② 指陈燊儿子，著名粤剧击乐师陈焯荣。

③ 指能奏出音乐的韵味。

④ 这里借用卢启光于《三帅困崤山》中的经典口白："全俱不是路。"此处指水平完全不及以往。

⑤ 戏行手语，演员要求乐队起"四鼓头"，就会伸出四只手指向师傅示意。

⑥ 陈酉名（1909—1999），著名粤剧编剧、导演。

⑦ 指著名粤剧演员吕玉郎，原名吕庭镜。

⑧ 李万春、李少春、梅兰芳均为著名京剧演员。

⑨ 高百岁（1902—1969），京剧老生演员。

⑩ 魏少初（生卒年不详），京剧打锣师傅。

锤”[1]，要打出气氛，需要抑扬顿挫，食得正锣鼓就衬得起演员。有句行话：“七分锣鼓三分演员。”[2]艺术水平高低在于此。

例如“配马”，牵着高头大马出来，看看马鞍、脚踏是否稳当，这些情节全靠演员演绎，这是艺术。如果用现代科技投射出一匹马，就完全没有艺术感了。

何　车：现在有人把马鞭倒转拿，从马的屁股牵马，闹出大笑话。

郎海山：还有些人“配马”居然配了“狗”[3]出来。“配马”要配很高的，但是表演时配的高度不够，这不是“配狗”吗？有些演员演书童，演得随随便便的，里面的西裤比外面的彩裤还要长一截，这是不行的，会破坏整台戏的演出气氛。

郎海山参加“第一届全国戏曲观摩演出大会”的纪念奖章

郎海山参加“第一届全国戏曲观摩演出大会”的代表证

在第一届全国戏曲观摩演出大会，尹伯权[4]演农民，他能把农民获得土地证时的那种欢喜演绎出来，连周总理也接见了他。行行出状元，我出名后有时候跟别人会有争吵，有时候别人不会我也教。在青年剧团排演《三岔口》时，王玉奎[5]当导演，要打很多京锣鼓，要用“九锤半”，我们的打锣师傅不会打，王玉奎就骂打锣师傅，我心里也很难过。过去找我打锣，没有工资，也不写

① 京剧传统武戏。

② 戏行俗语，指演出效果的好坏，七分取决于锣鼓是否打得好，三分要看演员是否能够踏准锣鼓节奏。

③ 这里是戏言，指责表演“配马”的演员动作高度不够，像配“狗”。

④ 尹伯权（生卒年不详），粤剧演员。

⑤ 王玉奎（1918—1980），受聘于广州粤剧团的京剧北派教师。

我是锣鼓设计。后来我教岑世彦[①]怎么起锣鼓、怎么打，为什么叫“九锤半”。我爸爸告诉我“救场如救火”。如果我不教，整部戏就会停下来。

又如《二堂放子》这部戏，当时我患病，“八手”郑聪打“先锋镲”开台口，打到呕血，他很年轻，与“打锣牛”合作，陈焯荣做“大锣”。马球后来找人干，没有人肯干，当时戏排满，观众顶栊[②]，戏票都售完了。最终总团长林奕出头，找了八手方，八手方说：“你烧咗我炮啦！”[③]，他宁愿被开除也不干。为什么不干？八手方解释说：“打锣是有级数的，我配不起‘打锣牛’。”水平不够会出丑的。林奕找到“打锣牛”，他就做“金手指”[④]点我出来，叫林奕找我去干，我那时候正在病休，没办法，也只能硬顶上。当时刚刚打倒“四人帮”，恢复粤剧，我也很开心。

演出回来，有演员问我：“为什么不教别人？”“你的‘先锋镲’怎么打的？”因为他们见我打得很轻松，我说这是技术问题，通常听见打锣一起，我就望台口的演员，然后再看打锣怎样收。八手一般跟着打锣打，为什么我要望台口？因为我要观察演员干什么，根据气氛去打锣。所以说艺术是很深奥的。

何　车：你们打锣的都很有个性。有演员唱“南音”唱到“撞板”[⑤]，“打锣牛”照样打，我对“打锣牛”说：“明知道演员出错，你兜[⑥]一下他嘛。”但这位演员本来就不太尊重打锣的，“打锣牛”又很有个性，不会因为这位演员“撞板”而迁就他。

---

① 岑世彦，广州粤剧团击乐师傅。

② 戏行俗语，指看戏的观众人数多，座无虚席。

③ 源于戏班背语“烧炮”，戏班艺人被解雇。

④ 广府俗语，原指出卖别人，卖友求荣的人或者在老板背后打别人小报告的人，这里有“刻意指定”的意思。

⑤ 戏行术语，指乐器演奏或者艺人唱曲的时候，节拍或者速度出现错误，后来普遍用于形容出错。

⑥ 指师傅打锣鼓时按照演员的表演情况在节奏上迁就演员，为演员补救。

郎海山：打锣不是打得响就行的，这是一门艺术。

何　车：如果唱家不会听锣鼓，不会“五锤”，那他的唱功有问题。

郎海山：“打锣”“八手”“大锣”是三位一体的，打一锤锣鼓也是三个一起的，有一个不合要求，其他两个就不能进入，就像机器那样不入轨道。我进入青年剧团，别人告诉我打锣是很辛苦的，连“打锣牛”都不干了。

何　车：你从“春风”入二团①。

郎海山：我那时候在二团，朱真是党支部书记。她告诉我剧团要培养人才和接班人。我那时候还不太愿意进入青年剧团，对入二团很有意见，在黄村集训时有情绪。我说我是“当扎”的，现在要我跟娃娃兵做，就是把我拉下水。我很恼火，不愿意干。那些演员什么都不懂，就只有崔子瑛演过戏。

何　车：当时是氹仔班②比较多，还没做大班。

郎海山：例如黄章球做打锣。他原是打鼓的，现在拿竹的就是打锣了。朱真同志是名副其实的党支部书记。

何　车：那一批干部都是很好的。

郎海山：她两句就说服了我。我当时也觉得她会说服我的。她笑着对我说了青年剧团选我的原因，她问我是不是共青团员——其实她知道我是团员的——我说我是团员，她说是就行了，团员要为党服务，成立青年剧团是为了培养粤剧的接班人。我问还有这么多叔父，为什么要选我。她说我做的班多，懂得多，又年轻，跟年轻人容易相处，他们能更快接受我，而上了年纪的人会有陋习，会影响青年。因此，就选了我进入青年剧团。

我进入青年剧团后，什么都说，看到不对的，我就指出来。在团委会讨论派角的时候，我提出意见，得罪了干部。例如对于

① 指广州粤剧团二团。

② 特指一些最小型的戏班，这些戏班人员较少、配置不全、流动性强、演出物资不多，艺术水平较低。

让黄匪[1]和华仔[2]演戏，每次提起让黄志明演须生总是不通过，一定要让张德明演。我认为这是艺术团体，不是党校，不能按演员的出身来分配角色。

何　车：张德明是资本家，出身也不好。

郎海山：要张德明当须生。我认为张德明个子高，为什么不让他当小生呢？所以跟他们理论，顶撞了他们。后期黄志明也一样上场，陈锦心也上去了。陈锦心说错了一句话，就不让她演"刘胡兰"了，让卢秋萍代替她。初期卢秋萍唱的音不准，不搭线，又要重新培养她。邓小平说过："不论黑猫白猫，捉到老鼠就是好猫。"谁演得好就培养谁，这样才会有好演员，不是说我们中意谁就找谁来培养。这在后期带来了祸害，例如那些有甲乙角的戏，三场都只让甲角演，要给一场乙角上才可以啊，可是三场都不让乙角上，乙角就投诉了。我就向上反映，得罪了很多人。谭志基发烧不能演《夜战马超》，找了乙角赵锦荣去演，赵锦荣说他不演。我对他说行里有句话叫"救场如救火"，谭志基突然病了，靠你顶替他了。赵锦荣说他不会演，我说他当乙角排练过的，他却说忘记了。当初演出不让他上，现在就要他顶替，很伤自尊心。我让他喜欢怎样演就怎样演，他才同意演《夜战马超》。青年剧团不像一个剧团，那些小朋友很难教的，要像托儿所阿姨那样教他们。在南方剧院后台，他们五点钟就要起床练功了，中午睡在排练场里面，华仔和黄泽波[3]这两个人工资低。

何　车：三十四元五角。

郎海山：午睡的时候席子也没有，就睡在毯子上。拿砖头当枕头。旁边养着鸭子，吵着我们，我们就把它们赶出去，赶了两三次，谁知那鸭子还是跑进来。华仔和黄泽波拿砖头一扔，砸死了一只鸭子。

---

① 指黄志明。

② 指潘玉麟，原名潘伯华。

③ 黄泽波，广州青年粤剧团演员。

何　车：顺便把它劏了，哈哈。

郎海山：那时副食品紧张。他们知道自己错了，砸死了别人的鸭子，但是他们的工资不高。

何　车：那时他们十八级，应该有四十多元吧。

郎海山：他们两个把裤兜里的钱掏出来，只有二十多元，于是把这些钱压在砖头下面，附上纸条写着"对不起，我们砸死了一只鸭子"。但后来别人说他们偷鸭，但实际上不是这样的，所以翻脸了。有一次要他们演出《三岔口》，他们不演，你知道潘玉麟的牛脾气啦。我正在看电影，电影刚刚开场，就要我马上去做工作。我在青年剧团工作做得不少，但我都没有好结果，在青年剧团的日子是我一生中最耻辱的。

何　车：耻辱？不会吧？

郎海山：我最开心但是最辛苦的是在珠江剧团。

何　车：你在珠江剧团是比较早期的。

郎海山："文化大革命"的时候，在像人那么高的纸上写着"艺术第一"。我不是共产党员，不懂政治，只是靠艺术挣钱吃饭的人而已。那时在行内选举到北京的代表，政审、艺术均要通过，要学有所成回来，要有号召力，还要传授经验。我感觉是自己把学到的东西教人还要付钱给别人。

何　车：还要哀求别人学习，哈哈！

郎海山：我一大早起来教她们练功，后来还被说摸过她们[①]。我感到好耻辱，心很痛。我学习回来后觉得如果我能迟一点起床，比一大早醒来教练功要舒服啊。我在外面教别人打锣鼓，说那场锣鼓和"水波浪"打多少锤，就能挣两千元了，郑绮文帮我收钱的。艺术是很矜贵的，但为了粤剧，我从来不出去赚外快，只奉献自己。那些不懂锣鼓的人乱打锣鼓，根本不符合音律，正如演员要讲究声音发音是否好听，打锣鼓也要别人听起来觉得好听，难听的锣鼓根本不是艺术，亏他们打得出来。

① 这里是含蓄表述，指郎海山被冤枉非礼女学员。

何　车：听众不懂就收货。

郎海山：粤剧不是没有人看，而是没东西给人看。那次我在北京汇演时见到七十岁的四大名旦之一荀慧生（四大名旦是尚小云、梅兰芳、荀慧生、程砚秋）。他演《沙陀国借兵》，剧情讲到他演的角色被打败了，坐在地上哭闹，他演得很像一个十二三岁的女孩子，观众掌声雷动。几十岁的人演十几岁的角色能那么成功，这就是艺术。

何　车：你刚才说的是京剧，现在粤剧也有。香港的陈好逑[1]，八十岁了，一年只演出一个礼拜，每场都爆满。珠哥你在青年剧团时，我是很尊敬你的，从你身上学到很多东西。那时候你一会儿绷紧脸骂我们，一会儿很疼爱我们，过来搭我们肩膀叫我们好好练功。我们感受到老一辈对我们是很关怀的，我的师兄弟阿九[2]、阿强[3]他们对你的印象也很深刻。说些轻松一点的话题，你二十岁的时候去北京，普通话的水平就像现在你的英文水平那样，如何跟别人交流呢？你的籍贯是北京，但普通话不怎么样，用"官话"搭救吗？

郎海山：我是满族人，籍贯是北京，我在广州出生。我家里人讲满族话我也听得明白，但是我自己不说。例如普通话"晚上"用满族话说是"晚黑"，有一些我也不是很懂。七十岁才意识到入党、入团的意义，我就是专注艺术，艺术第一，别人就是批评我这一点。

何　车：我那时候也经常被批斗，怎敢批评你呢？

郎海山：我好动好玩，别人说我揩女生油，女生怕我。我讨厌那些涂脂抹粉、娇声嗲气的人。我有一次玩牌，我输到耳朵夹花生，脸上被画了一个圈。华嘉批评我，说我跟小孩子玩得太过

---

① 陈好逑，香港粤剧演员，被称为"艺术旦后"。

② 指吴卓光。

③ 指罗永强。

了。苏志雄[1]说小孩子跟着我学不到什么本事。但是小孩子说我上课很严肃认真，上台演出就一本正经。苏志雄常被我骂的。他说我是打锣鼓的，为什么又教演员跟斗，他不知道我学过跟斗。

“小百花”[2]有一个人会打三百六跟斗就很厉害了。在青年剧团，有两个会三百六跟斗，潘玉麟和罗永强都会。当时想培养吴卓光翻三百六跟斗，如果他会了，青年剧团就有三个人能翻三百六跟斗了。可是吴卓光不愿意练习，胆怯，担心失败。我抓住了他的心理，于是让吴卓光过来坐在我旁边，看其他人练翻跟斗。我跟吴卓光说：“你没有能力翻跟斗，你就看吧。”吴卓光不服气，就上去翻跟斗，结果成功了。

教学要动脑筋的。玩归玩，但是上课我还是很紧张的，什么时候就做什么事。我在十八甫路居住，黄匪在平安戏院演完《十五贯》来探望我。他觉得自己演出全场满座，很得意，心想我一定会赞他。我骂他不要以为上了台就了不起，李飞龙[3]也会倒嗓，他再不练实自己的声音，就会倒嗓。

何　车：想问你一件事情。你姐姐去北京时发生了“打火机事件”，我听两位同志说过，现在想问一下是否是真的。你讲你自己会听满语，但不会讲，仔姐应该会讲吧？

郎海山：她会讲的。

何　车：那时候北京很少有打火机的，通常只有火柴，只有宾馆有打火机。仔姐她要买打火机，服务员就不理她。熊飞影跟她一起去的，他以为售货员不会听，就说了句官话：“呔！我来问你，这是什么啊？”

郎海山：这是谣传来的。那时候曲艺团只有谭佩仪，没有熊飞影。

何　车：这件事是谭佩仪和黄少梅告诉我的，两人分别说给

① 苏志雄，广州粤剧团击乐师傅。

② 指天津小百花剧团。

③ 李飞龙（1925—2014），原名李海培，广州粤剧团主要演员。

我听。

郎海山：谭佩仪在中南区，没有上到北京。那时候我们演出《三春审父》，穿胶片戏服，被批评是商业化思想。

何　车：那次是在武汉。

郎海山：在武汉，没有把粤剧列入演出名单。周总理说粤剧是十大剧种之一，为什么名单没有粤剧？无论粤剧演得怎样，也要在北京演出让大家看看。当时谭佩仪和男花旦李翠芳跟着我们观摩，其他粤剧演员都走了。后来接到周总理的电话，要演出粤剧。只能够请李翠芳和鉴哥演出，文觉非演《表忠》，吕玉郎和仔姐做《别窑》。所以说买打火机那件事情是笑话。

何　车：佳叔和你姐姐是一对，很多“头架”[①]找花旦当老婆，“八手”找花旦当老婆只有你一个，你真有本事啊！

郎海山：说起来是家风问题，我三十岁才谈恋爱，家里人认为谈恋爱是会导致工作分心的，不利于事业发展。我跟我老婆当时是偷偷谈恋爱的，暗中约见面，如果被她姐姐知道了，肯定骂她的，我们三十多岁才结婚。以前，如果我早上不练功，就不能吃早餐。我跟别人吵架，不知情的人总是先责备我，认为我姐夫是总团长靓少佳，我大姐是正印花旦郎筠玉，肯定是我仗势欺人。有些人无论输赢，首先第一句话就说“国舅爷”，这是很羞辱我的。那次在越南，我和别人打架，大姐进来看到我打架，就用鞭子打我，打

郎海山（左一）与郎筠玉（左三）游览北京颐和园

① 戏行术语，指乐队的领奏乐师，主操二弦、高胡、小提琴等乐器。

到我的绸裤都烂了，然后她哭了起来，一边帮我涂药一边哭，哭到失声。好在姐夫也在，姐夫叫大姐不要打我了，打伤了还心痛。

我大姐的语气分好几种，叫我“老珠”的时候就是叫我“执生”，叫我“郎海山”我就惨了，叫“细佬”时是最好的。有次我去香港，睡着时梦见大姐，她对我说：“细佬，我走了。”后来听说大姐真的在那天离世了。

大姐是很用心地教我的，这么多兄弟姐妹她不打又不骂，就是打我，所以兄弟姐妹就说：“大姐就只是教肥珠，都不看一下我们。”我心想他们不挨打，我就经常挨打。大姐认为我最调皮，她叫我钉胶片，我“蕉蕾”一样的手[1]，拿枪都嫌枪太细，何况要我拿针呢？还要我对着那些女徒弟。我整天对着她们没话讲，她们却很害怕我。

还记得有次梁荫棠带我去抓贼，公安局长是法国人，他管不住那些小偷，见梁荫棠武艺高强，于是请梁荫棠去抓贼。梁荫棠居然答应了。

何　车：在安南[2]吗？

郎海山：是。梁荫棠说：“肥仔珠，我有件事情拜托你。”我问什么事情。他说有件事情他一个人搞不定，想叫上我去帮忙抓贼。原来那些贼是教官出身的，一般会把人打晕了再抢劫。后来抓到的贼，居然装了一辆车那么多，我领功了。我姐夫靓少佳亲自敬茶给梁荫棠：“荫哥，请用茶！”梁荫棠说：“佳哥，有什么得罪的，尽管说。”靓少佳说：“你不是得罪我，不过你做了一件好事。”梁荫棠：“什么好事？”靓少佳：“你们样样都不教，带我舅仔去捉贼，他会打死人的！你也不是不知道，他打了吴桂良一拳，吴桂良马上要送上十字车急救了。仔姐费了好多心思搞定他，你们又拉他下水了。”教人也好、管人也好、艺术也好，其实都是很难的事情。

① 指手指像未熟透的蕉蕾一样大。

② 指现在的越南，曾是法国殖民地。

何　车："老爷佳"[①]原来这么诙谐的。

郎海山：那天晚上你说找我聊天，我思想斗争了很久。

何　车：有什么好斗争的呢？我问你这么多样，你都答了，就是一样你没有回答。你是如何赢得花旦欢心的？这个问题你还没有回答。这些可能我们私底下聊就可以了，你老婆在你不方便说。

郎海山：现在有种恨铁不成钢的感觉，打开电视，对着那些节目心里就很憋屈。演员全靠唱得好听、音色好，打锣鼓的总是打不出合适的音，很难听，根本不是艺术。当梅香的演员满头是宝石，这个梅香肯定"打斧头"[②]，不然的话怎么会有这么多的珍珠钻石呢？我们的原则是"宁穿破莫穿错"。那个穿戴华丽的梅香在主角面前"揖揖扬扬"[③]，简直是胡闹！还把水袖甩来甩去，站的位置不好都会被袖子甩中。很多情节不一定非要甩水袖的。艺术一定要戏假情真。

何　车：《胡不归》"慰妻"一折中"颦娘"的水袖甩到"天花龙凤"。什么蜘蛛网都被袖子扫下来了[④]。

郎海山：何止蜘蛛网，整箱白蚁都扫下来。不懂艺术的人看觉得无所谓，我们这些懂艺术的人看了心里就非常不舒服。

何　车：现在我也不看戏了。

郎海山：真是很不像话。

何　车：现在还不许提意见。我问一下，你退休后除了打麻将还有什么其他消遣吗？

郎海山：就是打一下麻将。

何　车：你的孩子呢？

郎海山：我的孩子不看戏的。有空回来都是打麻将比较多，

---

① 著名粤剧小武靓少佳的绰号。

② 指代买东西或代办事情时从中占小便宜。

③ 广府俗语，意思是在别人面前走来走去。

④ 这里是夸张的说法，指演员没有目的地表演甩水袖或水袖功不规范，胡乱甩水袖好像要把蜘蛛网都扫下来。

动脑筋嘛，不会痴呆。

何　车：我就知道你喜欢打麻将。现在你的生活比较悠闲吧？

郎海山：我对生活很满足了。以前工资二百多元已经很厉害了，我一百四十元。我有很多外甥，每个都混得“风生水起”[①]，工资都比我高。我不会不开心，我最开心了。

何　车：社会进步嘛。

郎海山：现在这个政府真是讲到做到，很重视为下层人民加工资，很多人的生活基本过得去了。

何　车：不用忧柴忧米，担心粮票问题。

郎海山：那时候我们满族有配给。

何　车：青年剧团也有东西发。

郎海山：配给了面粉的那些人后来变成一个小集团，把面粉集起来，大家一起吃一起聊天。

何　车：那个小集团是你、阿苏、梁开标[②]。

郎海山：梁开标和赵锦荣说，跟着我米都有得乞。那时候分猪肉，你们分得一斤，我们只有八两；你们住宾馆，我们就住台口。今晚这个台演什么戏，谁当主要演员，当天派位的人，同时要安排位置睡觉。

何　车：我印象最深的是年轻时可以住宾馆，因为我们演出要翻跟斗，演武场戏。

郎海山：因此很气愤，还说我们是小集团。正如梁开标说的，我们几个只能睡台口呢。

何　车：那时候你们几个工资高，有个茶局，算是很厉害了，可以喝红茶，其他人没有这样的。珠哥，今天跟你学了很多东西，也听了很多东西，以后我们就整理出来。但是有一样学不了，等你不打麻将的时候再说。多谢你，珠哥！你很精神，记忆力很强，你还记得很多人的名字，但我却不一定记得。

① 形容工作做得有生气，事业蓬勃兴旺。

② 阿苏指赵锦荣，他与梁开标均为广州青年粤剧团演员。

郎海山：牵涉到一些东西还是不要说了。

何　车：你算是很含蓄的了。

郎海山：有时候说话会得罪人的。

何　车：现在你还有什么是不能说的呢？

郎海山：别人说我大姐是郎筠玉，姐夫是总团长靓少佳，以为我很威风，但是这其实带来很多麻烦。说话声音大一点别人就说我欺负他们。

何　车：我还是小伙子的时候，还不知道你是这么威风的。不知道佳哥是你的姐夫，因为我们不八卦，我现在才知道。

郎海山：过去有人审查我，问："你六点钟教学员练功，有没有收钱？"我说没有。还问学员："郎海山有没有摸你们啊？"真是耻辱啊！

老实说，我负担很大。如果有第二次"文化大革命"我就麻烦了。

那次骆洪年[①]来排练《红灯记》，排"沙奶奶"那一场，"顺三锤"响起，角色坐在地上。骆洪年很奇怪，问："不是有广东锣鼓吗？为什么要打京剧的锣鼓？"林奕马上就脸红了，叫打锣的重新打过，但是怎么打林奕也不满意，林奕就说把所有锣鼓都打一次给他听。全场立刻静了，陷入僵局了，因为骆洪年是中央名导演。吴志明告诉林奕："找阿山。"然后他大叫一声："郎海山！"我很聪明，就站在排练场旁边，但不走开，这戏不是我排的。我马上应："有！""你在哪里？""我在这。""为什么不排戏？""这场戏不是我排的。""你能不能听一听？""我正在听。"后来叫演员打"顺两锤"。艺术就是这样，对不同的演员锣鼓也是不同的。很多打锣的连"顺两锤"也不会，还经常抱怨打锣都让郎海山做，闲置了其他打锣的。我是不收费的，我们还要帮师父捶背呢。

何　车：我也要帮你捶背了，多谢多谢！

---

① 骆洪年（1919—1998），京剧丑生演员、导演。

郎海山夫妇（前排）、何车（后中）与《访谈录》编务组工作人员合照

访谈感悟

郎海山出身艺术世家，父亲郎小良和伯父郎锐是艺术老师，母亲陈焯群是曲艺歌伶，三姐单凤兰和二哥郎铁峰分别是杂技演员和粤剧音乐员，大姐郎筠玉和大姐夫靓少佳是著名的粤剧演员。郎海山从小受艺术熏陶，爱好粤剧音乐，对粤剧有深厚的感情。他在家人的严格要求下勤学苦练基本功，锻炼了强健的体魄和对音乐的敏锐感。他不仅仅局限于锣鼓的表演，而且从多方面吸收舞台经验，以丰富锣鼓的演奏内涵。郎海山平易近人，乐于传授技艺，从不计报酬，是学员的良师益友。八十五岁高龄的郎海山，精神矍铄，腿脚麻利，退休后仍然十分关心粤剧事业，始终保持着一颗年轻的心。

陈冬琳

访问日期：2016年7月21日
访问地点：广州粤剧大院
受 访 者：郭 慧
笔录及整理：李 颖

『不依古法另新猷』

——郭慧访谈录

郭慧，广东番禺人，原名郭慧卿，粤剧导演。郭慧年轻时投考华南人民文学艺术学院戏剧系，毕业后当上话剧演员。后参加粤剧编导训练班，系统学习粤剧导演专业知识。四十多年来，郭慧共导演了六十多部长剧和十多部短剧，当中既有现代剧、新编历史剧，亦有传统古装戏，所塑造的人物形形色色，涵盖了多个时代、各个阶层、多种类型。20世纪80年代中期开始，郭慧迎来了其导演生涯的高峰，先后独立导演了《几番风雨几番晴》《南唐李后主》等剧，均获得不错的反响，成为其代表作。

李　颖：首先，欢迎郭慧姨参加我们的访谈。你在粤剧战线已经工作很多年了，是什么时候开始参加工作的呢？

郭　慧：我是在香港出生和长大的。十八岁那年，很多同学回广州读书，我就跟着回来了。我从小就喜欢演戏、唱歌和跳舞。当时，有同学对我说，广州有间“华南人民文学艺术学院”招生。1950年3月，我回到广州报考这间学院。这家学院有“文（学）”“音（乐）”“美（术）”“（戏）剧”四个系。我投考的是戏剧系，当时投考戏剧系的有一百多人。那时我什么都不会，考试时要考表演，考官就出了个小品题给我表演。谁知就让我成功表演出来。于是我就被招收了。当时招考的条件是高中毕业，其实我高中还未毕业。我故意说自己高中已经毕业了，没想到戏剧系的老师也相中了我，就吸收了我。

1953年我进入这个文艺学院学习。学制是三年。第一年老师带我们到农村“抽征”和“土改”，所以实际业务学习只有两年时间。1953年6月，我们完成了“抽征”和“土改”，就回到学校读完接下来的课程。当时很多艺术教授给我们上课。黄宁婴[①]是“戏改”[②]的领导者，他是我的老师，但不是给我亲自授课的老师，他是文学部的主任。

1956年，我们毕业了。我被分配到华南人民话剧团。当时我是话剧演员，不是导演。我在话剧团工作了三年。因为我个子比较矮小，大多是演童角、少女这样的角色。我觉得自己做演员前途不会太好，所以就想改行。黄宁婴老师对我说：“你改行比较浪费，不如做导演吧。”听到他这样说，我就去学导演，不是去学院学，而是自学，因为我有话剧底子。以前导演给我排过戏，所以我也略懂一二。

① 黄宁婴（1915—1979），诗人、作家。新中国成立后主要从事戏曲改革领导工作。曾任中国剧协广东分会副主席。

② 指由中国共产党领导的，对民族戏曲、曲艺、杂技所进行的群众性革新运动。其核心是“改戏、改人、改制”。

这时，华嘉老师举办了一个粤剧编导训练班，叫我去学习。训练班是文化局举办的，不是学院举办的。我在那里学习了一年多。

后来，黄宁婴老师就把我介绍到广州粤剧工作团。当时有两个团，一个是广东省粤剧团，一个是广州粤剧工作团。我说自己不懂粤剧，老师说："你去做导演，又不用你上台唱和做。"我就说："我就试试吧。"

在担任导演的过程中，我一边吸收话剧的经验，一边自学。我不是一开始就当导演的，是通过学习才转做导演的。一边自学一边钻研，就这样开始当起了粤剧导演。新中国成立初期，有很多宣传队，无论是话剧、粤剧，还是歌舞都有，主要任务是宣传政府的政策。在那时候，我觉得搞粤剧还可以，所以就一直钻研。

当时的华南文联领导着文、音、美、剧四个协会，是一个领导机关。我没在那里工作过，我并不清楚他们的运作。

我从小就跟妈妈去看粤剧，但我不懂粤剧是什么，只觉得红红绿绿，很好看。那时的剧场是有东西吃的，前面有长枱，放着水果点心卖给我们。当时香港有家演粤剧的剧场叫高升戏院。那时看完头场戏还有"天光戏"，我妈看完头场戏就回去了，就留下保姆带着我看完"天光戏"才回家。这是我最早接触粤剧。

李　颖：你当导演很多年了，和红线女、陈笑风、黄志明、卢秋萍等名演员都有合作，能说说你对他们的印象吗？

郭　慧：在排练的过程中，我和演员的关系比较好。他们知道我是话剧转过来的，比较尊重我。我刚到广州粤剧工作团的时候，不是马上做导演的，各种杂项都做过，例如教艺人文化课、搞共青团工作，一直以来和艺人的关系都不错。在这个过程里面，我也学习到粤剧艺术的一些东西。虽然我不会唱、做，但我懂得他们是怎样唱、怎样做的。

我和很多名演员合作过。女姐和陈笑风是著名演员，对艺术认真负责，表演有他们独特的风格。我在他们身上也学到一些东西。我觉得女姐和陈笑风对戏的态度基本是一样的，都是很认真

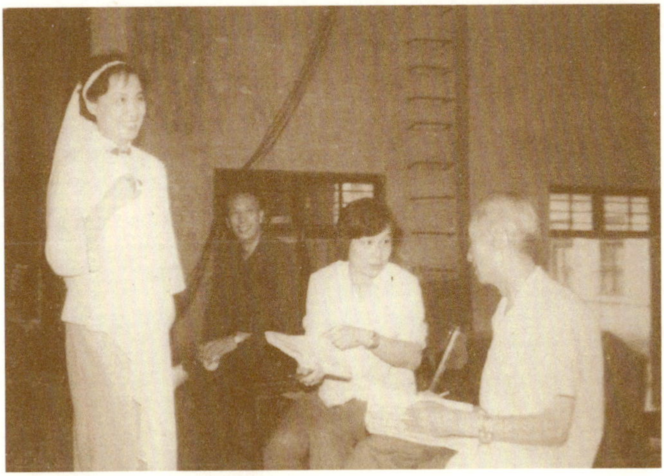

《昭君公主》排练照片（左起红线女、陈笑风、郭慧、李紫贵）

负责的。后期年轻一点的卢秋萍、黄志明、钟康祺、梁淑卿等演员，在艺术上会比较开放，和女姐、风哥有点不同，对创新的要求比较高。我后期与冯小娟合作比较多，冯小娟艺名叫“小木兰”，本来是广州粤剧工作团的正印花旦，后期不想演戏，就转做导演。作为新文艺工作者，她是搞粤剧的，我是搞话剧的，我们相互学习，相互合作是最好的。在这个过程里面，我很多戏都是和她合作导演的，她吸收我的东西，我吸收她的东西，排练过程比较顺利。我感觉他们任何一位都比较配合，最近梁淑卿还会打电话给我，说很怀念我们当时的合作。我们合作了不少剧目，我和卢秋萍合作的最后一个戏是《南唐李后主》。这个戏我没和其他人合作，是我独立执导的。这个戏很成功，卢秋萍也因这个戏得到了“百花奖”[1]。

李　颖：你当过话剧演员，又当过粤剧导演，你觉得话剧艺术和粤剧艺术有什么共通的地方呢？

① 指1981年举办的粤剧“百花奖”。

郭　慧：我觉得话剧和粤剧共通的地方，就是都要在舞台上塑造有血有肉的人物。没有人物就没有戏剧。两剧表演方式各有不同，话剧主要以语言艺术来表演；粤剧是戏曲的一部分，有“唱做念打”的艺术形式，以此来表现人物的特征、情绪等。

卢秋萍、王凡石主演的《南唐李后主》剧照

李　颖：“戏改”以后，粤剧出现了话剧化的倾向。你对此有什么看法？

郭　慧：当时有两种观点。一种认为，粤剧已经是话剧化。甚至有些人认为粤剧要取消锣鼓，认为太嘈杂。我的看法不一样，粤剧应该保留自己应有的艺术形式，通过“唱做念打”表现人物，这些是话剧没有的，我并不同意粤剧已经话剧化的看法。粤剧当时是吸收了话剧的优点，如怎样帮助演员去塑造人物。

话剧是一门综合性比较强的艺术，而粤剧以前是很简单的，一枱两椅一块布景就可以表演了，舞台艺术不是太丰富。话剧比较忠于生活，所以舞台、灯光、布景、服装、道具等，都体现出较强的综合性。粤剧应该学习话剧的这方面。粤剧应该既吸收话剧的优点，又发挥自己的特色。粤剧后来受话剧的影响，整个舞台艺术都变得比较丰富。粤剧本身的音乐唱腔也是比较丰富的。后来我就非常喜欢搞粤剧了。

李　颖：在“戏改”年代，“斯坦尼斯拉夫斯基演剧体系”①（下文简称“斯坦尼体系”）一直指导着粤剧艺术生产，你觉得“斯坦尼体系”对粤剧产生了什么具体影响呢？

① 指斯坦尼斯拉夫斯基创立的戏剧体验派学说。

郭　慧：“斯坦尼体系”是俄国的大艺术家创造出来的。粤剧艺人本来就缺乏文化，所以他们没有好好学习。我们搞话剧的人，是学习过“斯坦尼体系”的，但也不是将它照搬。照搬不符合国情，我们只是把它合理的部分融入到表演艺术上。这样观众会比较容易接受。如果把一整套“斯坦尼体系”都搬进去粤剧，是行不通的。当时毛主席提出“文艺要深入工农兵，为人民服务，在深入生活的过程中去吸收养分”。我读书时参加“土改”的经历，对我成为导演是有帮助的。看过农村生活，知道农民生活是怎样好起来的，就会心中有数，在创造人物方面比较有基础。我也没有深入地了解学习过“斯坦尼体系”。

李　颖：你在开始的时候提到过很多“戏改”的领导人，包括黄宁婴、华嘉，能说说你对他们的印象，以及他们对你的影响吗？

郭　慧：黄宁婴老师本来不是搞戏剧的，是搞文学的，但他是文化局的领导，要出来推动“戏改”，搞粤剧的“戏改”。是他介绍我去当粤剧导演的，所以对我帮助很大。后来他也当过广东粤剧院的院长，他认为粤剧导演太少，缺乏人才，所以推荐我去。

李　颖：你认为“戏改”带给粤剧最主要的变化是什么？

郭　慧：粤剧在“戏改”之前不太规范，艺人演戏经常要“爆肚”，不记得曲。“戏改”以后有剧本、导演、舞美设计、音乐设计各方面的人才，整个舞台都干净了。演员表演也比较规范，会跟着剧本内容表演，不会乱“爆肚”。以前的粤剧没剧本，在舞台后台贴出“提纲”提场，演员看看这场做什么排场，就出去表演了。自从“戏改”后就不能这样了，“戏改”以后，粤剧就规范化了，适合表现时代精神。所以我不同意粤剧话剧化的说法，我觉得粤剧还是粤剧，粤剧有“唱做念打”，话剧没有。话剧能帮助粤剧创造人物，让粤剧根据人物来表演。经过“戏改”以后，粤剧整个面貌都不一样了，观众就比较喜欢看。

李　颖：谢谢你，郭慧老师，你分享这些经历，使我受益匪浅。

访谈感悟

最近一直在做粤剧“戏改”相关内容的研究。“戏改”彻底改变了粤剧的戏曲属性及发展走向，值得研究者关注及深入探究。作为粤剧“戏改”的亲历者，郭慧导演在专门培养新文艺工作者的华南人民文学艺术学院学习成长，又实现了自身从话剧演员到粤剧导演的转型，也见证着随着“斯坦尼体系”的引入，话剧与粤剧的相互碰撞，以及粤剧潜滋暗长的变化。纵然由于年事已高，她对往事的忆述是片段式的，并不流畅，但在这点滴之间，我们还是能感受到粤剧“戏改”那段历史的离合神光，能从中找出一些我们研究所需的线索及依据。

李颖

访问日期：2014年7月10日
访问地点：广州粤剧大院
受访者：陈小汉
笔录及整理：梁嘉琪

『剧坛曲苑两纵横』

——陈小汉访谈录

陈小汉（1936—2016），广东台山人。出身粤剧世家，其父陈醒汉是旅居南洋的文武生。因其乳名叫“B仔”，所以行内尊称他为“B哥”。陈小汉九岁从艺，十五岁登台。在小生、官生、文武生等表演行当中都积累了扎实的艺术根基。1957年他从香港回到广州，先后参加广州粤剧工作团、广东粤剧团、广州粤剧团工作，主演《奇花公主》《孙成骂殿》等戏。陈小汉矢志不渝地追求艺术，两次战胜重病，奇迹般重新登台。1979年，他复出主演《范蠡献西施》《姑缘嫂劫》等薛派名剧，在行内外皆获好评。陈小汉于1992年举行个人粤曲艺术欣赏会，有二十多首原唱粤曲如《同是天涯沦落人》《西楼恨》《梦会太湖》等在海内外广为传唱，经久不衰。

崔振强：陈老师，你好！今天我们很高兴请到你接受我们的采访，我们很希望在这个访谈过程中了解粤剧过去的生存状态。另外，也很想知道陈小汉老师你是怎么和粤剧结缘的，希望你可以把从艺过程与我们共同分享。

陈小汉：不客气！

崔振强：很想请B哥先谈一谈你的入行经历。

陈小汉：我很高兴，今天像回到了家一样。我是怎样入行的呢？应该说我是三代从艺。

崔振强：是粤剧世家。

陈小汉：我爷爷、父母都是演戏的。我记不得爷爷的名字，有人说他叫“蛇仔王”，我也没有印象，家父陈醒汉①应该就是上一辈老倌。当时，他与鉴哥、佳叔是同辈的，都是有影响力的，就好像现在罗家宝、陈笑风和我那样，我们年纪相仿，都是同辈。但是我的年龄应该比虾哥小六年到八年，比大哥就小八年到十年，我算是“细佬辈”。家母杨映霞②与任剑辉是同辈，她们是姐妹，曾在镜花艳影剧团共事。家母那时也有参加电影拍摄。我当演员，也许是有些“遗传基因”吧。

崔振强：应该是传承。

陈小汉：是的。我自小就很喜欢模仿前辈演戏，有时候冲撞前辈，甚至要被师兄罚戴口罩，不许多讲话。趁着没人时，才把口罩拉下来。应该说我和粤剧有很深渊源。

崔振强：那为何行内人都习惯叫你“B哥”呢？

陈小汉：那是我的乳名。因我小时候比较机灵，再加上那个年代的人都喜欢把小朋友叫作“B仔”。

崔振强：现在的人都喜欢这样叫小孩的。

陈小汉：“B”字到现在都甩不掉。在我的童年阶段、学戏

---

① 陈醒汉（1900—1943），旅居新加坡的粤剧演员，陈小汉父亲。行内人尊称其为“四哥”。

② 杨映霞（生卒年不详），20世纪三四十年代的香港粤剧演员。

阶段，那些叔父看着我成长，他们有时说："B仔，耍段做手来看看，唱段曲来听听。"或者说："B仔，'醒'[1]你两下！"这就是指点我了。

崔振强：陈老师，你的艺术造诣很高，现在都习惯把你的唱腔叫"B腔"，其实是什么时候提出"B腔"这个概念的呢？

陈小汉：这是个人的演唱心得，应该是1992年初筹备第一次个人演唱会"陈小汉唱腔欣赏会"时提出的，及后在拍录《优秀粤剧艺术大观——陈小汉专辑》中基本形成。B腔的精髓其实就是围绕一个"情"字，"以情带腔、以腔传情、腔随情转、因情造腔"。1992年的演唱会是省港澳三地巡演的，那时由广州市委宣传部杨苗青，常务副部长、广州市文化局局长陶诚带队，我们广州粤剧团总团承办，省港澳每地两场，香港是在香港大会堂，澳门是在永乐大戏院，广州是在南方戏院，一共六场。那时我第一次推出一批新曲目，如《斩经堂》《同是天涯沦落人》《西楼恨》《李后主幽会小周后》等十几部作品，都被后来的《优秀粤

《优秀粤剧艺术大观——陈小汉专辑》封面照片

① 广府俗语，指传授、教授、给予之意。

剧艺术大观——陈小汉专辑》一并收入，曲里涵盖了各个行当，也有很多合作者。

崔振强：当时的演出影响挺大的。

陈小汉：很轰动。在香港大会堂演出期间，刚唱完《同是天涯沦落人》，准备中场休息时，多次谢幕都没办法停下来。有些人就开玩笑说："香港徐小凤曾有此风采，想不到B哥也那么厉害呀。"我觉得有好的团队相互配合才能产生好的艺术效果。特别是我与乐师们都是老拍档了，包括臻叔等全团乐师，所以演出的艺术效果非常好。

崔振强：在你过往的讲述中，你的唱腔是师承前辈薛觉先，我们想知道你在跟薛觉先学习或者与他交往的过程中，你有什么体会呢？与我们分享一下吧。

陈小汉：是有心得。我很有幸做了薛门的弟子。我们是1953年在新加坡结缘的。其实当时彼此在不同剧团演出，薛老师和老一批的前辈艺术家一起在"快乐世界"演出；那时我只有十三岁，是"神童"，我们几个"神童"，包括黄金爱、胡家、周剑明，潘有声[①]则在"新世界"做大戏，潘有声比我小半岁左右吧。那时我们五小童星，五只小鬼出台做大戏，卸妆后就尽情玩乐，挺难管的，现在回想起一起的时光觉得很珍贵。因为薛觉先是我们的前辈，我们都很仰慕他，知道他在"快乐世界"演出，我们就去拜他为师，我们都叫他"五叔"[②]。他对我的印象很好，因为他知道我母亲杨映霞、父亲陈醒汉是同行，他也很敬重他们，对我也悉心指导，例如我演《双锤黄天化》，有"铲椅"介口，他教我"铲椅"，带我去了一个"班主"住的宿舍里练。那时我还很瘦小，一铲就铲上了他那张沙发。我很喜欢跟五叔学艺，他很和蔼慈祥，也很斯文，讲话都是小声讲，但上台很严肃。他又教我入门曲《陌路萧郎》"春风暖，日当头"（哼

① 潘有声，20世纪30年代末期至80年代初期的香港粤剧、电影、电视男演员。

② 行内后辈对薛觉先的尊称。

唱），令我印象很深，而我印象最深的是那段【木鱼】“秋诗驿路，阮籍囊羞，更怕孙山名落恨悠悠，憎命文章从古有，若不题桥绿马，我誓不返杭州……”（比划着唱）

崔振强：好！（拍手）

陈小汉：我经常都有演出的，这些唱段我也灌入了录音带。我觉得这些都是经典名曲。

崔振强：也是薛腔一首很有代表性的名曲。

陈小汉：是的。那时薛先师演《吴宫郑旦斗西施》，后期是我演《西施》（即《范蠡献西施》），时代不同了，我对于人物的领会也不同。

崔振强：其实自1957年你从香港回来后，演了很多不同的戏，例如《奇花公主》《孙成骂殿》《醉打金枝》（即《郭子仪祝寿》）《落霞孤鹜》及后期的《范蠡献西施》等，在众多的戏当中，你最喜欢的是哪一部戏？还有，最喜欢哪一个唱段呢？

陈小汉：每一部戏都喜欢，因为都是粤剧的“老本”[1]。那时我回来后在广州粤剧工作团演这些戏的。广州粤剧工作团的“工作”两个字是表示剧团是国营的、革命的，我从香港回来就要接受改造。

崔振强：呵呵，参加革命。

陈小汉：对，剧团门口竖着 “欢迎爱国青年”的牌匾。不知道缘由的人将这叫“改造”，一听说是“改造”就害怕了。其实“改造”是最好的，是要我们接受新思想，不改造就不会进步，艺术上是这样，做人也需这样。艺术上你想更完美一点，你觉得前者有不足的地方，对其进行改善，那就是改造了。有啥好怕呢？！我有幸回来参加祖国建设，参加演出，那时我们广州粤剧工作团总团长是白驹荣，艺术指导员是大音乐家林韵。我参演了不少有影响的好戏，例如粤剧的老本《醉打金枝》，它当时很受欢迎。

① 原指原始积累，最初的本钱。此处指按传统剧本进行演出的剧目。

崔振强：这个戏到现在都很受欢迎啊。

陈小汉：对啊，熙哥[①]饰演的郭暧好有“戏”。所以那些“介口”我全都记得。回来后，我参演了《武则天》，与七叔和真姐[②]同台献艺，我演太子李显。剧情讲到李显被武则天废为庐陵王时，我唱了一首主题曲。而真正专门为我而写的新戏是和娟姐[③]演的《奇花公主》。后来参演《红楼二尤》，演柳湘莲；和茶姐[④]也演了一套《文成公主》，我与她合作比较多一些，例如《落霞孤鹜》《梅开二度》《桃花扇》等。武戏我就很喜欢《汜水关》《罗通扫北》。那时应该是“戏改”阶段，我们的生活就是上午练功、学习，练完功就排戏，排戏多数是导演指导。其实“戏改”期间有的作品是成功的，我体会也很深。

在“陈小汉唱腔欣赏会”上陈小汉（左二）与陈自强（左一）、倪惠英（右二）、郭慧（右一）合照

① 指著名粤剧演员白超鸿，原名陈永熙。行内人惯称其为“熙哥”。

② 指著名粤剧女演员谭玉真。

③ 指广州粤剧团花旦、导演小木兰，原名冯小娟。行内人惯称其为“娟姐”。

④ 指广州粤剧团花旦陈小茶，行内人惯称其为“茶姐”。

崔振强："戏改"那段时间出了不少比较成功的剧目。比如《卖怪鱼龟山起祸》《白蛇传》《宝莲灯》《关汉卿》等。

陈小汉：是的，也出了陈酉名、钟启南等导演。

崔振强：对，也涌现了一大批的作者。其实在戏剧界有一个很特别的规律，那就是每一个成名的演员背后都有一位得力的编剧家扶持。譬如我们的京剧大师梅兰芳，他背后有齐如山[①]；我们的粤剧前辈薛觉先，背后有南海十三郎[②]；我们广州粤剧团的陈笑风老师，背后有秦中英老师。在众多的作者里，我知道陈小汉老师你和陈自强[③]老师的合作是最多的。

陈小汉：他是大佬，我们是情同手足的兄弟。

崔振强：你后期的作品大部分都是和他合作的，而且都比较成功。可否谈一谈，在艺术交往中，你和他是怎样切磋，以怎样的形式相互结合的呢？或者在这个过程当中，你对他的印象是怎样的？

陈小汉：我和老二[④]像手足一样，同在广州粤剧团，从来未离开过，一起工作，一起切磋。像他经常说的，我们创作出来的东西就是你中有我，我中有你。好像《西施》（《范蠡献西施》）《同是天涯沦落人》《斩经堂》等，有时为了一个情节能更完美表达，我们经常会争论到面红耳赤。"【中板】唱埋序吧。"有时我连"介口"都教给他了，他就最喜欢舔舔嘴了。

崔振强：那就是有"计"[⑤]到了。

陈小汉：是啊，有料到。我给料他，他就拿个笔记本出来记。在艺术创作上他真的很为我着想，有时切磋到深夜他就干脆

① 齐如山（1875—1962），著名戏曲理论家。

② 南海十三郎（1909—？），本名江誉镠，自称江誉球，别字江枫，20世纪30年代著名粤剧编剧。

③ 陈自强（1933—2002），广州粤剧团编剧。

④ 陈自强的昵称。

⑤ 广府俗语，指办法、计谋、主意。

在我家睡，那时我住二楼的小书房，他就在沙发上睡觉。他半夜三更写戏度桥觉得肚子饿，就自己煮东西吃，像家人一样。我们还经常约黎普泽①老师一起“度戏”。

崔振强：其实你们“度戏”一般是摸着茶杯底，还是怎样呢？

陈小汉：就是摸着茶杯底，一边喝茶，一边“度戏”。相互发表意见，说：“那里这样处理好点哦，你这样就好像不太理想了。”

崔振强：就是在这个过程中一起研究、一起推敲。

陈小汉：是啊。就拿《范蠡献西施》这部戏来说，因时代的问题，不敢说前一辈艺人编得不好。范蠡与西施还没到吴宫就已经是有一段相知相恋的情缘的了，范蠡这个人物，肩负着复国的责任，在艰苦环境下，不会在后期与西施卿卿我我，共同生育小朋友的，这些情节都会削弱范蠡的正面形象。

崔振强：就是些儿女私情。

陈小汉：是啊，那就需要修改！这是历史的痕迹。在早期，观众欣赏要求不高，他们可能觉得是顺理成章的事，但在半个世纪后，或更长时间后去欣赏就有不同的要求了。所以，我这个兄弟思想很创新，很有心思，很有灵感。譬如“别馆盟心”中范蠡与西施情缘难舍，分别二十多年后，西施为国献出一切。复国成功了，西施为免污范蠡的名声而投湖自杀，把自己的清白之躯还给祖国，令人唏嘘。而陈

陈小汉在《范蠡献西施》中饰演范蠡

① 黎普泽（1927—2003），广州粤剧团编剧。

自强就搞一个“梦会太湖”，这个结尾令人伤感。观众从头看到尾，又是那么坎坷的故事，这个结尾可以让观众有一个情绪宣泄的高潮。“梦会”是很浪漫的，也很抒情的，这是对观众的一种慰解，也是对剧本的一种还原。

崔振强：是提炼了主题。

陈小汉：一眨眼，“梦会太湖”已经三十多年了。

崔振强：现在这个戏也是历演不衰哦。

陈小汉：是啊，他们都说每逢过年过节，最卖座就是这几套戏了。陈自强的创作就是很有新意，很有分量，不保守。

崔振强：我比较欣赏他在写戏的过程中，把我们传统的唐诗宋词融入到曲词里，贴切又优美，尤其是B哥你的几首名曲《同是天涯沦落人》《西楼恨》等。

陈小汉：对于我们兄弟俩来说，艺术创作还是那句话：“你中有我，我中有你。”大家形成互补。

崔振强：互相结合、互相影响，形成一个比较成功的作品。

陈小汉：是的。例如《姑缘嫂劫》这部老戏，原来薛觉先演的是悲剧，取材于莎士比亚的作品《奥赛罗》，奥赛罗这个人物怀疑他妻子不忠，而杀了她。

崔振强：就是按莎士比亚原著的故事情节去演。

陈小汉：是的。奥赛罗这个皇帝心怀猜忌，没有仔细考量，尤其是没有调查研究，结果令妻子屈死。这个剧就是要教育那些主观主义、心胸狭隘的人，若没有与人进行有效沟通，往往容易铸成大错。但陈自强就觉得那个妻子不应该死，所以就设计了皇后假死，皇帝醒悟而在灵堂忏悔的情节。这个结局很有现实教育意义。

老二和黎普泽老师合作得很好，一般他们意见统一后才给领导把关。当时我们的书记就是尤娟儿，她的业务能力比较强，认识的专家也很多，大家一起把关，剧本的质量就会有保障。改编或修改的不用设定什么提纲，不用写多少稿，我们一看剧本就说：“哎，有戏啵，好嘢！”“喂，这个曲牌不好，换一个更贴切的曲牌啦。”我们经常就在这样的切磋、推敲中完善剧本，所以剧目创作中是“你中有我，我中有你”。我和秦中英老师合作的《白罗衫》也很好，他写得很有看头。我饰演两个人物，演两父子，那个父亲给别人害了以后，就到演儿子，最后那一场“大审”很精彩。但现在找不到那个剧本了，真的很可惜。还有《斩经堂》的初胚，那个短剧就是秦老师写的，后来的长剧就是老二写的。

崔振强：就是折子戏的哪一段？

陈小汉：是的，那时我和珠姐[①]演《斩经堂》。《孙成骂殿》就是佳叔演海瑞，我演海安。在平安戏院演出时，我就在那出场口斜角等场，看佳叔出场，他出场的风范、气魄和神态很有爆发力。我很有幸得到很多前辈的悉心教诲，例如佳叔、罗品超、路凌云[②]等老师，他们都很疼爱我，我也很珍惜学习的光阴。记得佳叔对何建青讲：“阿三，你把我以前的那出《小红袍》重新写给阿B演。”那就成了后来的《孙成骂殿》了，那个戏演起来很有气魄，在西关恩宁路舞台工厂排练时，路老师、佳叔、鉴哥坐在那里，我演一场戏，他们就指导一场戏。可惜1963年“四清”运动[③]开始就不演这个戏了。

这些就是积累，和唱腔很有关系的，演好一个人物，肯定要有唱、做、念、打的基础，演什么戏都是如此。试问哪一出戏的演出不需要这些基础呢？有时我见到小木兰也会与其一起哼唱几句，切磋交流，有时也和她一起对唱，她常常说：“你这个陈小

① 指广州粤剧团女演员练玲珠。

② 路凌云（1894—1979），著名京剧武生，形意拳名家。1956年受聘到广州，先后在广东粤剧院、广州粤剧团任武功、身段老师。

③ 指1963年至1966年在中国农村和少数城市基层开展的社会主义教育运动，又称城乡社教运动。农村的社教运动开始以“清工分、清账目，清仓库和清财物”为主，城市的社教运动为“反对贪污盗窃、反对投机倒把、反对铺张浪费、反对分散主义、反对官僚主义”的“五反”运动。后期都发展成为“清思想、清政治、清组织和清经济”四个方面，统称为“四清”。

B，来来来，唱两句。”我们就是经常通过相互切磋来不断提高自身技艺，我对以前好的戏和曲印象很深，比如《孙成骂殿》这部戏，很多人说想找这个剧本，另一部是《白罗衫》，这些戏在我的艺术成长道路刻下了很深的烙印。

崔振强：这些都是在那个年代写得比较好的戏。

陈小汉：前几年我随复排后的《山乡风云》在顺德演出，表演结束后有一个观众在台下喊：“孙成！孙成！”他不叫我陈小汉。我一听他叫“孙成”，就知道是找我。那位是老厂长，几十年后他还记挂着这个在《孙成骂殿》中演出的我。所以我觉得和三哥、老二、黎老师他们合作、创作剧目的过程很有意义。

以前团里的学习氛围非常浓，领导也制定了一些制度保障我们的艺术学习和文化学习，比如我们的导演制定了学习和练功的制度。那时我们在恤孤院路24号[①]练功，我和路老师一早在舞台工厂坐3号公交车到东山总站下车，刚刚进那条巷子，太阳就升起来，这时路老师就帮我练第一功。

崔振强：就是五点多就要坐车过去了。

陈小汉：是啊，我练大早场嘛。除了佳叔、马院长、罗院长[②]没练，其他人都练，吕玉郎、朱少秋、大陈、虾哥都一齐练。路老师坐在那里看着我们。女的全部是主要演员，刘美卿做组长，那一段时光很值得回味。练功、上表演课都是为自己的唱功、做功打根基，唱功和做功是紧连着的。

崔振强：那个时候是戏改时期，运用新文艺团体的管理方式培养作风。

陈小汉：是的，是一种新的制度。所以就派了陈酉名、钟启南等大导演来指导排练，那时期还有很多外来的大剧种来南方戏院演出。

崔振强：是交流。

---

① 原广州粤剧工作团成立时的团址。

② 指罗品超，时任广东粤剧院副院长。

陈小汉：对于我们粤剧演员来说就是学习的机会。那时剧院[1]成立没多久，适逢浙江昆苏剧团来穗演出，我就和郑绮文拍档，一起去昆剧团学习了一个多月。我的小生功是昆剧周传瑛[2]老师“开山”[3]的，他在电影《十五贯》中饰演况钟，水袖功非常了得。我们勤学苦练，就像海绵一样，努力吸收艺术养分，为自己的舞台表演打下基础。其实那时我们的身体都不是很好，但都顾不上休息，努力争取多学些技艺。

崔振强：陈老师，你很热心传播我们的粤剧艺术，桃李满天下，在你众多的学生或徒弟当中，你觉得有哪一位能传承你粤剧艺术的造诣，或者讲有哪一位能较好地吸收你的艺术呢？

陈小汉：时代不同了。佳叔、鉴哥等前辈，哪怕不是自己老师也好，他们的艺术成就、他们的唱和做都刻在我脑里。

崔振强：就是说，那时的人学习比较主动，“我要学习”和“要我学习”的态度是不一样的。

陈小汉：以前的那种封建的师徒关系改变了，现代的师徒关系更贴切的应该是老师与学生的关系。那时我不让人家叫我“师父”的，我说：“叫B哥就可以了！”他们和我们的求学态度不一样，例如《斩经堂》中一个取剑的身段，我就反复去练；清早就在舞台工厂四楼楼顶练习一套“清平剑”，早上太阳很晒，路老师就陪着我晒，指点我。但现在就很少那种一对一教学了，学习的氛围也不同了。有时他们也想找我指导，包括在香港的一些有身份的贤达，但指导都要讲机遇和缘分的，要看看你的人乖不乖呀，是否虚心等，虚心就聊多一些，聊天也是一个学习的过程来的。例如梁耀安，有机会在一起时，我们经常会聊到凌晨三四点钟，他有时就会说：“不行啊，我顶唔顺了，我要睡觉了，不

---

① 指经过“大调整、大合并”后成立的广东粤剧院。

② 周传瑛（1912—1988），著名昆剧表演艺术家。

③ 原指传统粤剧最基本的舞台表演程式。行内习惯把初入行学戏叫作“开山”，有启蒙之意。

够精神啊。”呵呵，我却很能聊。就拿我来说，我的嗓音条件不好，“无声，但是鬼咁好听”[①]。有些人就说：“陈小汉，豆沙喉，无声！”但观众听下去，就会制止四周喧哗说：“别吵，别吵！”而现在的青年演员全部都是“声厂”[②]出来的。

崔振强：每个人都是“靓声王”来的。

陈小汉：他们每个人都需要加强一些“味道”。他们功力有了，实践也有了，什么都有了，又高大威猛，你看小胡[③]多威猛啊，嗓音条件也非常好，我撼过去他那里，马上就“冚牌”[④]了，但最要紧的是“味道”。

崔振强：就是唱出来要有韵味。

陈小汉：就好像薛觉先，有些年轻人说：“哎呀，他就是薛觉先呀，都唔好听的，唔听了。”我说：“唔好听？你正在唱的是什么？”近代粤剧很多流传下来的东西都是他创造出来的。创造是最可贵的，流派是创造出来的，现在全行的“生”都学薛腔，但不少人还是觉得鬼咁好声，就唔使练啦！“一声压三丑”[⑤]那就行了，是吧？但时代不同了，你骂他们太多也不好。我太太也讲：“阿B啊，不用见一次骂一次啦，他们都怕你了。”我说：“是啊，他们都怕我了，不骂了。”

文千岁是香港同升剧团的担纲文武生，他回来广州一个多月。那时我的生活比较困难，住在舞台工厂，身体也不大好，他

① 此指演员的嗓音条件不好，但通过对曲目旋律的细腻处理，让观众感受到曲的“韵味”而产生共鸣，从而认可和追捧演员的表演。

② 此指演员的嗓音条件优越，像工厂定做出品的合格产品一样无瑕。

③ 指欧凯明，广州红豆粤剧团当家文武生。原名欧小胡。

④ 戏行行话。“冚”其意与“盖”相同，此“牌”指名声。“冚牌”有被比了下去之意。

⑤ 自20世纪30年代开始，粤剧进入城市剧场演出，为迎合观众，逐渐由传统武戏为主转变为以文戏居多，即以唱为主，更形成一种审美定势，只要演员嗓音条件好，唱功出色，就可掩盖其他不足，同样受欢迎。

也曾问我是否有意回香港做戏，以改变现状。但我觉得搞艺术还是在内地好，如果再回香港发展，我不会有艺术再生，因为艺术创造需要有一个合适的环境和氛围，如果离开广州粤剧团，很难再找到一班志同道合的好友，好难再找到一班时常关心、体贴我的好领导。例如我们当时的领导尤娟儿、老大姐吴志明对我真的很关心，明姨对我讲："阿B，你回来艺术室，你不用坐班，也不用每天来，你就来了解一下，给些建议或意见就行了。" 那我就去了艺术室工作了大半年。

崔振强：有时间可以将身体恢复一下。

陈小汉：尤娟儿就说："B哥，可不可以到团里指导一下呢？"得到我肯定的答复后，团里马上组织青年跟我进行业务学习，我就给他们上课，有唱腔方面的，也有表演方面的，他们不懂的或者他们想学的就问我。后来想复排五哥的《范蠡献西施》，老二就讲了："嚫仔[①]，搞好它呀！"他经常叫我"嚫仔"的。一个星期要演六场哦，我说不行啊，我身体吃不消，最多只可演一场，后来经过协商，我每周演两场，后面的场次就由我的学生罗敏宁演出。当时是娟姐、吴宝志、陈少梅他们当导演，陈少梅当时还是技导，大家互补。大家一谈起艺术，就有讲不完的话题，本应十二点下班的，如果谈起艺术一点多还拿着饭盒在排练场上切磋、探讨，这就是我们的生活了，所以我觉得是非常可贵的。

崔振强：就是谈起艺术，大家都有共鸣。

陈小汉：是的。所以慢慢就让我在舞台上恢复演出。一听说我有演出，香港很多人回来看。任姐任剑辉和白雪仙有一晚看到我演出，任姐马上打电话给她徒弟"阿刨"龙剑笙[②]，她说："阿刨，你明晚上来广州，你看看阿B是怎样演戏的，你不能只看师父的。"谁知那晚龙剑笙来看演出，刚好我不上场，我才演

---

① 此处指还有很多成长空间和发展潜力的年轻演员。

② 龙剑笙，香港著名粤剧花旦，师承任剑辉、白雪仙。

两晚。呵呵。

崔振强：呵呵呵，那只能看到别人演了。

陈小汉：那阿刨就看不到我演出了。任姐、鉴哥对我都很好，他们都要求我："阿B，你教一下阿刨吧。"我说："我不敢啊，她好厉害的，她演出一票难求，不行不行，怎么说都不行。"所以讲"教学相长"，不怕传承的东西多，艺多不压身，最重要的是肯学。她们的条件好，首先声音好、体质好、身体好，表演时的气魄，他们通过实践就锻炼了出来。最近这一次我们师徒的演唱会，我也赞扬他们，他们已经有成就了，我看见他们有进步、有成就我就很开心。除了丁凡、蒋文端以外，大部分都是我们市剧院的担纲演员。所以这种师徒关系令我很开心。

崔振强：就是比较随和一点。

陈小汉：对！不是说谁能够继承我的技艺多一点。我不会老指责他们缺这个丢那个，或许我那些技艺于他们的表演而言不那么适用呢，是吧？他们已经"担"了那么久，是吧？不知这样说你是否会觉得我很会做人呢？呵呵呵。

崔振强：哈哈哈。其实我还有个问题想问问陈老师：在你的学艺过程当中，哪位前辈对你影响最大呢？另外，你和那么多位花旦合作过，你觉得和哪位花旦最为默契呢？

陈小汉：你又摆我上台，你真是的，呵呵。我先讲一下B腔为什么会形成了流派吧。首先，"流派"这个词以前没有在我脑海里出现过，我想的是耕耘、积累。看前辈演戏，回顾经典的名曲，唱名曲。对于排练的制度，虽然有些还要演，不单单是唱，但我都是倾情演绎，通过自己的思考创造出来的。我有一个心得，就声音来说，我父母给我的本钱真的不是很多，就如摸摸自己口袋都没什么钱了，就要省着来花，加上身体也不是很好，不是很健壮的人，更加要省着来花，掂量自己在舞台上够不够钱"找数"[①]先。因此，我就很注意唱的时候的那个换气位和气

① 广府俗语，指付款、结账。

功。“文化大革命”后，有时我会和鉴哥一起或者自己去荔湾湖公园打太极。

崔振强：哦，去健身、练气。

陈小汉：气沉丹田，自然就会掌握呼吸，五内的运动是一个循环。最初身体还没有恢复好，但还要演戏的时候，比如范蠡一出场的那一段，上那几级台阶我也要换气，我就提前悄悄地上去幕旁先站稳。就是自己按身体的条件安排换气。换气位是很重要的。唱腔安排也很细致。任何唱腔离不开粤剧的【梆黄】【中板】，一丁一板，四二（2/4）拍；【二黄】，三丁一板，四四（4/4）拍，【中板】是士工（6 3）线；【二黄】是合尺（5 2）线。【二黄】就好唱很多了，就像这个口袋没有钱就拿另外一个口袋的，用完就还过去那样。要学习传统，继承传统，并创新。其实我1957年1月5日回来广州粤剧工作团就已经学习继承、改造，人和艺术都在接受改造。回来后我演梁天来[①]。原来是借鉴哥过来市粤剧团演出的，我回来后就培养我演。我唱那首主题曲，声泪俱下，以为导演会来称赞我，怎知导演讲：“如果好像你这样哭，他还能过南雄岭[②]吗？”

崔振强：那是啊。

陈小汉：梁天来那么坚强，骨头都是硬的。在双门底[③]那里，凌贵兴[④]打他打得很厉害。孔壮志演凌贵兴，他和我“讲数”，这里就“经济”啦，那里就“经济”啦，手足[⑤]，沙面餐厅“经济”啊，要我请他吃饭啊。我只好说：“你说怎样就怎样啦，大佬，你不要真的打过来。”呵呵呵。

---

① 梁天来，著名的“清朝四大奇案”之《九命奇冤》的受害人，粤剧《梁天来》的主角。

② 指梁天来被害后，要上京城告状，需翻越千山万险，过了韶关南雄岭才算是离开广东省地界。

③ 广州市旧地名，今北京路靠近西湖路口一带。

④ 凌贵兴，梁天来的表弟，冤案的制造者。

⑤ 戏行行话，指兄弟，取“兄弟如手足”之意。

崔振强：哈哈哈。

陈小汉：所以说演员饰演角色要有人物的性格特征，要创新，要在学习传统唱腔表演的过程中，继承优良的传统。毛主席也讲到“推陈出新”嘛，传统的东西要怎么样改才能更好适应时代需要呢？不要说不好的就把它扔了。

崔振强：毕竟它是有自己存在的价值的。

陈小汉：它本来就是宝来的，可能是有些地方不适应这个时代的要求而已。因此就要通过学习、消化，进而继承、发展。发展是应根据自己的体质进行唱腔处理，形成有自己特色的演唱风格。我的心得是“以腔传情、腔随情转、因情造腔”。这是我唱腔的特色。其中还交织有声，声音是根本，还有和弦。阿强，你知道啦，“发口”①。

崔振强：是的，演唱是很讲究发口的。

陈小汉：你一味大声，最初听就觉得很醒目，听着听着就会觉得太大声了啊，很吵，那就麻烦了。所以最重要是腔，腔是灵魂，唱腔是一部剧的灵魂，是一首曲的灵魂。每一个短剧，每一首歌都是有人物的，人物的处境是什么呢，你要理解，你要学透，你要将自己摆进去。

崔振强：我们讲，要代入角色和情感。

陈小汉：将调动技艺的手段拿出来，唱出一个曲魂，这要有唱腔，曲才会感人。1990年第一次开演唱会，距现在已经有二十多年了。

崔振强：有二十多年了。

陈小汉：二十多年来，我有约六十首曲在社会上传唱过，大多数是生旦对唱。有四首是传统的曲，其中《宝玉怨婚》有两个版，一个官话版，一个旧版。鉴哥有一次对我说：“阿B，我求你做一件事。”我以为是什么大事。他说：“你的官话版《宝

① 戏班术语，指粤曲演唱的发声方法和演唱技巧。

玉怨婚》现在连那些‘二皮叔父’[①]、吴宝志他们那些人都听不懂，更何况观众呢。”

崔振强：那就是。

陈小汉：他又以他演的《五郎救弟》为例。那些广钢[②]工人曾打电话问他：“罗老师，你的‘呜啦呜啦’[③]是什么意思呢？你解释一下吧。”“我的名字咯，五郎啊嘛。”他回答道。那人家确实是听不懂，不知道你叫自己的名字呀。

崔振强：舞台官话是那样的。

陈小汉：所以不普及不行啊，那我就搞了个白话版本出来。后来又把《西厢待月》的白话版也搞出来，这些都是传统的“曲魂”来的，你要改造，要拿出来用，那才有传承。特别是《宝玉怨婚》的【中板】，它是最基础的传统【中板】标准板式，是很重要的。又比如《断肠碑》，它是梆子，“秋风秋雨，撩人恨。愁城苦困，断肠人”。所以说，这些都是沉淀，都是传统，我们要在改革中进行传承，我觉得这些都是很有必要的。好了，阿强，你刚才问我的那个……

崔振强：和哪个花旦合作得比较畅顺一些，和哪位乐师合作得开心一些呢？呵呵呵。

陈小汉：每一个都好，和每一个合作都很开心。从香港一回来就肯定是和娟姐合作，演过《红楼二尤》，还有……

崔振强：《孙成骂殿》？

陈小汉：不是，先是《奇花公主》。我和娟姐演“死”的那一场，她演自杀，最后我抱着她唱：“揉碎桃花红满地，玉山倾倒再难扶。”（比划着唱）男主角是耕田、打猎的，他唱：“你住惯凤阁龙楼，怎因为我草寮把苦受。我一衣一食品皆寒流，

---

① 戏班俗语，“二皮”在广府俗语里有第二流的意思。“二皮”与“叔父”结合起来是指技艺、资历都不足且缺乏权威能力的所谓“前辈”。

② 指广州钢铁厂。

③ “五郎、五郎”的粤剧舞台官话发音像“呜啦呜啦”。

怎及你绮罗锦绣，百味珍馐……”（比划着唱）她就唱：“君吧君，奇花绣，我愿同你赴河州……”

崔振强：大家的情感交流很畅顺的。

陈小汉：是的。我和茶姐合作《落霞孤鹜》《桃花扇》也很默契。

崔振强：经典，《落霞孤鹜》真是很经典。

陈小汉：我们演的《落霞孤鹜》，当时是用传统的版本，七叔就演《白莲香》。还有，我和茶姐演的《桃花扇》《梅开二度》，都是很值得回味的。茶姐的做功很细致；娟姐的身段好美，她的那些步伐、脚门掌握得很好，很有仪态。我和清姐[①]虽在同一剧团，但很少一起演，但《打金枝》就是和她一起演的。那时我刚从香港回来，我把口很衰，跟别人说：“她很丑样哦！”这句话给她听到了。呵呵呵。她心想：“你个死仔啊！你真敢乱说话！”呵呵呵。《打金枝》这个戏当初陈酉名导演排练得很细致，后来阿声（黎骏声）演《打金枝》，让我回来辅导他一下，有些很细致的情绪表演介口，我就把陈导当时对我的要求讲给他听，比如大哥气弟弟那一段：“你不用想，不用想，福分生来由你享。”（比划着唱）

崔振强：哦，是拜寿那一场。

陈小汉：是哦，逼郭暖[②]拜寿。“堂堂父爱，你话几威煌。不过有你系度就唔欢畅……”（比划着唱）

那时我们去海南岛榆林慰问部队演出，妆都化好了，往下面广场一看，空荡荡的，舞台都是临时搭的，头顶上全部都是星铁皮，有三米那么高，很晒，闷热得很，后台有三张球枱给我们用。那次我和青姐演《凤仪亭》。

崔振强：哦，《凤仪亭》。

陈小汉：开场前，一往下看，哇，有近万人在下面坐着。

① 指粤剧女演员李燕清。

② 粤剧《打金枝》中的男主角，唐朝大将军，汾阳王郭子仪的第七个儿子。

崔振强：呵呵呵。一吹鸡[①]，那些部队就来了。

陈小汉：是啊。那些部队"唰"的一声出来，就醒神了。但演完进后台卸妆后，我就又呕又晕，只好躺在一张长的化妆椅上缓缓气。清姐过来，托着我的头，靠在她的膝盖上，帮我涂油、按摩。

崔振强：看来真的很晒，很闷热，我没经历过这么辛苦的演出。

陈小汉：当时，我就对清姐说："你真好啊！"她说："现在样子不丑啦？"她"润"[②]我啊！"又话我好丑！你个死仔啊！"呵呵呵，真是很有趣，真是"冤有头，债有主"。哈哈哈。

崔振强：哈哈哈。你们互相交流，相处得好开心哦。

陈小汉：好开心，是战友来的嘛。我和所有花旦合作都觉得很好，到后期就与阿七[③]合作得比较好，和她一起拍录了《琴挑》《别馆盟心》。

崔振强：还有《同是天涯沦落人》。

陈小汉：是的。除了她，还有……

崔振强：小倪[④]。

陈小汉：是啊，小倪。其实我和小倪合作最多，那时经常指导她，合作演出基本都是这几个花旦。

与前辈的交往，我就很喜欢新马师曾，他很疼爱我，他向别人介绍我时，总说我很厉害，是"名族"[⑤]之后，不过现在落难而已。还有就是任姐姨妈。新马师曾的演唱抑扬顿挫，他的声音很靓，但他不是靠靓声，他的底气、脑后音很通透，很值得推崇，他是"薛腔"的基础。任姐的演唱特点是声音爽朗明快，没

---

① 广府俗语，原指吹哨子，后来引申为召集之意。

② 戏班背语，原指丰盈、有光泽。戏班故意反其义为"损"，用貌似褒扬的语言暗讽他人。

③ 指著名粤剧女演员林锦屏。粤剧名宿林超群（男花旦）的女儿，排行第七，故行内称其为"阿七"。

④ 指著名粤剧女演员倪惠英，曾任广州粤剧院院长。

⑤ 原指名门望族，此处指粤剧世家。

有女人味，很干净利落，发口很靓。我喜欢看她戏的时候，她还没演《帝女花》，我们很早就有接触、交流了。还有就是佳叔，他的“口白”，特别是出场口白、“大审”的口白，表演得很利落，声音的穿透力很强。加上，他眼里那一点火，真的好厉害！小少佳也是，学到他爸爸，眼睛很有神，不过就差一点点，呵呵。这不是我说的，是绮文[①]说的，她对小少佳说：“你就眼眨眨，你老爸眼睛就好像火钻一样。你一出来虽然眼眨眨，但你是散光的，你知道吗？你要看看你老爸是怎么样做的，你认真学学吧。”

陈小汉（左）、曾慧（右）与新马师曾伉俪合影

崔振强：哈哈哈。

陈小汉：呵呵呵，我们经常聚会，很爱开玩笑的。我接触佳叔比较多，有次电视台来采访佳叔，也有讲到佳叔积极培养下一代，致力于成立青年粤剧团。佳叔很平易近人，为人很低调，平日喜欢戴顶六角帽，又喜欢戴着口罩护嗓，只露出眼睛。那时没

① 指著名粤剧花旦郑绮文。

有私家车的，肯定是全日租车的，那时租三轮车。那是“文革”前，他很喜欢带上我：“汉仔啊，去咯！”我也不知道去哪。他喜欢看戏，我就最喜欢陪他看戏。不单是看我们粤剧的戏，还看其他地区来演的戏。他看完就走，别人都不知道靓少佳来看戏。

崔振强：佳叔人很好，很低调。

陈小汉（左）与靓少佳合影

陈小汉：当年在曾生市长支持下成立了广州青年粤剧团，佳叔是总团长，从一开始一直带领着大家，教戏、教做人，体验生活。在生活中也很疼爱我，待我好像待干儿子一样。我生病，不够气，他就拿一条高丽参给我。我演出《孙成骂殿》，他说：“要提气啊，汉仔，你要煲药吃。”

崔振强：佳叔真的很疼爱后辈。

陈小汉：是的。另外就说到“鉴哥”罗品超老师了，我回穗之后，我们没有中断过联系，几十年了，因为在香港时已经相互熟悉了。我回来后，有两个人对我影响最大，一个是鉴哥，另一个就是七叔了。那时我在广州，我师兄胡迪醒[1]和七叔一起住在

① 胡迪醒（1917—1992），广州粤剧团演员。

从桂路，我有一段时间也曾与师兄同住，七叔就经常摸住我的头，好像扶拐杖一样，我就有机会与他聊天。

崔振强：哈哈哈。

陈小汉：鉴哥演《罗成写书》。

崔振强：他的拿手好戏呢。

陈小汉：是啊。他后期就讲："我的《罗成写书》演单脚，是学阿B的父亲陈醒汉的。他的功夫了得、武艺高强！高台，一个转身，飞腿下来，好像打桩一样，单脚站定在那里，稳稳的。"

崔振强：真功夫来的。

陈小汉：我爸爸还唱主题曲，声音很靓。

行内人称我爸爸"四哥"。我和鉴哥经常接触，他在生活上很开朗、比较随和。而佳叔呢，比较喜欢谈艺术，当打开话匣的时候，就有很多东西谈，不聊天的时候就很严肃，气场很大，他在后台的时候，大家就不敢调皮，化妆时也不会吱声。他们都很疼爱我，我和他们都很投缘。我与臻叔和阿庆[①]就已经是两代的交往了。另一个就是卜灿荣的父亲卜石根[②]，他虽然不是头架，但他那支喉管，特别是《孙成骂殿》那段【首板】的伴奏"嘟嘟嘟嘟嘟……"很有水准啊！

崔振强：能把那个气氛烘托出来。

陈小汉：我和他们父子都合作过了，我和卜灿荣也合作了很多作品，这是因为我们同属市属单位。与其他音乐师傅的合作也很多，比如炳叔、永棠[③]他们，还有好些专家，大家都很合得来。

崔振强：当年的艺术室是有这样很好的氛围，互相帮助。

陈小汉：黎田，我们当时的副局长，很支持我们。那时我们经常在二号办公楼二楼会议室"开局"[④]唱曲，特别喜欢晚上开

① 指骆庆儿，广州粤剧团乐师，骆臻之子。

② 卜石根，广州粤剧团乐师。

③ 指胡永棠，广州粤剧团乐师。

④ 戏班行话，指班中老倌与乐师自娱自乐，你弹我唱，相互切磋唱腔技艺。

局。我唱《宝玉怨婚》，朱少秋唱《哭尸》，邓丹平唱《韩信夜走坛溪》，练玲珠、陈绮绮她们也在。

崔振强：都是传统的东西。

陈小汉：随时“孭飞”[①]，随时说“回潮”。吴志明厉害，她说：“没事，有事我来顶住！”那我们就真的“回潮”了，在二楼。

崔振强：要发掘传统的东西。

陈小汉：是的。另外，打锣师傅每个都很好。为了演《孙成骂殿》，专程到佛山请陈昌过来。

崔振强：那时是专门调他过来的。

陈小汉：没错。

崔振强：他那时一直都在一团。

陈小汉：是的，我也在一团嘛。我比较侧重打锣的位置，我很多演唱都是炳叔打锣，他说：“汉仔，究竟你的【反线中板】是怎么样的【反线中板】？在哪里落那个板？”我说：“那你照落了，‘我细雨’，你就‘叮’……你照落就行啦。”[②]后来他说：“阿B还真是行。”呵呵呵。他们都真是很疼爱我，对我很好。我对音乐也很敬重、尊重。

崔振强：其实演员在创作的过程中，特别是戏剧演员是离不开对专业的尊重的。

陈小汉：我这么多次的演唱会所唱的曲有新的也有旧的，最旧的曲是三四十年前的，有些是二十多年前的，最新的也是十几年前的，那些合作经历都很有意义。

崔振强：那些都是经过这么多年被观众检验过和承认过的名曲。

陈小汉：所以很多人喜欢听我的作品，不止是因为喜欢听我

---

① 广府俗语，指“背锅”的意思，即承担责任。

② 此指陈小汉没有依照板式常规的节奏进行演唱，而是在不违反传统规律的前提下，对板式的节奏、强弱进行适当的调整，使曲的旋律有一种新感觉。

唱，还因为我的作品的音乐非常棒。你看我每一首曲子创造的主题旋律都很鲜明的。在梆黄方面，我们的兄弟是怎样兜搭[①]的。

崔振强：头架兜搭得好很重要，会令演员发挥很自如，也很自信。

陈小汉：对！好像钟伟明的短筒，《夜撰〈红楼梦〉》抄家的那一段高音短筒，演员的感情全都被带动起来了。所以，我们是兄弟关系，是鱼水的关系，大家合作得很好。

崔振强：陈老师，在你的艺术生涯里，有很多人和你合作，其中有几个人和你是息息相关的，例如刚才提到的陈自强编剧，还有就是"明姨"吴志明，还有搞录音的小鬼姨[②]。

陈小汉：还有张志宏[③]，我很感谢他。那时我生活困难、贫病交迫，是他请我到"中唱"[④]录《梦会太湖》《无限河山泪》，小鬼姨就用立体声效果录音、入碟。录音已经好厉害了，还要入碟哦。唱了一遍《无限河山泪》《西施》，我以为是试音而已，怎知一次已是无懈可击了。录《无限河山泪》的酬劳是六百元，用了二百多元买了一把风扇。那时我家连风扇都没有呀，买了一台十六寸的风扇，佛山的"鹿牌"，那时很开心。

那时我和阿七合作得比较好，小鬼姨就解释如何在《别馆盟心》《琴挑》的梆黄和唱腔设计方面使立体声效果更好展现。那阿七讲，我也讲，那我们就一起切磋了。

崔振强：她是很有心思的。

陈小汉：她很厉害啊，她在录《长亭送别》最后那一段"江河水"，唱到"举案齐眉，笑入罗帷……"时说："不要这些

① 戏行术语，指乐师配合演员表演、演唱的节奏，在伴奏的过程中加强对旋律节奏强、弱、快、慢的把握呈现。

② 指中国唱片社广州分社高级录音师许婉文。

③ 张志宏（生卒年不详），中国唱片社广州分社高级录音师，与许婉文是夫妻。

④ 中国唱片社广州分社的简称，是国内首家立体声录音采样和首个立体声录音棚建成使用的唱片社。

呀，陈小汉。”

崔振强：呵呵呵，她觉得俗了点，要雅致些吧。

陈小汉：我说那怎么办？“举案齐眉”不行吗？呵呵呵。跟她是很好很好的朋友。其实这些人对我帮助都很大，在音乐方面对我帮助很大，这些都是故友、知己。

崔振强：用现在的话来说就是老战友，大家在艺术创造的过程里很有共同语言。

陈小汉：是的。还有一个卢伟棠，我这个手足真是很可惜……

崔振强：其实他的唱腔真是好厉害！

陈小汉：何止唱腔呀。总之，他虽然有时说话傻傻的，你和他坐在那里喝茶，他就没介口让你说想法。

崔振强：滔滔不绝呀。

陈小汉：是没介口的啊。他那些点子新到不得了，很“生”[①]。这是一个人才，我真的很为他惋惜。

崔振强：我们也是这样觉得，我们做这一类的访谈做得稍微晚了一点，如果早一点就好了，他真的是一个很值得人尊敬的老师。

陈小汉：又风趣。

崔振强：可惜有关他的资料相对少一些。

陈小汉：他演出不多。他那个《毒酒红袍》演得很好，他有很独到的人物处理手法，很可惜早逝。

崔振强：最后还想问问，其实一直以来，陈老师你的身体都需要很小心地保养和呵护，特别是1990年做了一个心脏手术之后，一直都很需要你太太很悉心地照料着。那可以谈谈你和贞姨[②]现在的生活状态是怎样的呢。

陈小汉：我们是患难夫妻，知足常乐。所以我和我老婆讲，

---

① 戏班行话，指演员的表演很有亮点，使戏中人物活灵活现在舞台上呈现，也泛指有好点子。

② 指陈小汉的妻子苏贺贞。

陈锦棠回来请喝喜酒，他又记得“阿B”陈小汉，虽然我接到喜帖很高兴，但我没去。我照照镜子，看看我的样子，那时病容好重，又瘦。因为没有像样的衣服，没脸去赴宴见人，全行见到你，人家不羞你，我自己也觉得羞，所以我没有去。

崔振强：那时是什么时候呀？

陈小汉：是刚改革开放，我从“干校”[①]回来不久，佳叔那时还未补发工资。

崔振强：你那时还没有做心脏手术的吧？

陈小汉：还没有。但那时已是贫病交迫，身体不好，经济环境也不好。我太太是跟我一起挨出来的，从什么都缺挨到今时今日。佳叔在世时就经常约我见面，佳叔还特别吩咐：“汉仔，最重要是要带上阿贞来。”那时我就只有一件“的扯”和一条“扯裤”[②]，不外出时还要用枕头把它压平，用手抹平它。反正就是困难得找多一件都没有。

崔振强：那个年代是这样的了，那时我们虽然还小，但还是记得一些感受，那时各方面的生活用品都好紧缺，什么都凭票购买，一个人的布票就“一丈三尺六”[③]，做得了多少衣服呢？

陈小汉：是啊。那就一直工作，演出，保养身体。到现在我什么都有了，我不是有钱佬的“有”，我是知足常乐的那种“有”。那时候想找多件衫替换都没有，现在我打开衣柜，都不知道穿哪件衫出来。物质的东西不要紧，什么都是身外物，有人就行了，有人就可以创造东西，所以我感受很深。我这个共患难的老伴是很可贵的。第一，她没有说过“我老公是陈小汉啊”这些话的。她说：“你去应酬呀？”我说：“是啊，你都要去

① 特指“文化大革命”中按照“五七”指示精神建立起来的，接收干部和知识分子劳动改造的农场，亦称“五七”干校。

② 用涤纶斜纹面料车缝的裤子，其最大的优点是抗皱性和保形性很好。

③ 改革开放前的中国，实行计划经济，城乡居民的副食品、生活用品实行定额分配，每人每年用于针织品消耗的量只分配有一丈三尺六寸。

陈小汉与妻子合影

啊？”她说：“我不去。”她是这样的哦。

崔振强：呵呵，比较低调。

陈小汉：她说：“慢慢吧，有阿珍[①]在我就放心了。”我老婆就是这样的。我老婆有样东西是不低调的，钱！

崔振强：呵呵呵，这样东西很实际的。

陈小汉：不是实际啊。她说：“喂，老公，你因为心脏病，被下了几次病危通知书了，吓得我魂魄都唔齐了。包括南宁水灾[②]的那一次，很多人帮你把命捡回来，是‘陈老二’那些兄弟手足捡你回来的啦。”她身体也不是很好。所以常说：“我现在只需有钱，阿B。”我说：“行行行，老婆要钱就给你啦。”呵呵呵，这是讲笑啦。

崔振强：哈哈哈。

陈小汉：她很低调，生活上很朴素。

崔振强：而且她真的很照顾你。

陈小汉：这是全行都知道的。哇，那时候在杏花楼[③]那杯奶皮[④]养育了我，我那时只有八十元劳保工资，二十元养老妈，二十元养儿子，剩下四十元，加上要缴纳家属医疗等费用，反正

---

① 指陈小汉的义女欧阳秀珍。

② 指1995年陈小汉在广西南宁准备慰问演出期间，因意外昏迷二十天，后经各方全力抢救逐渐康复。

③ 坐落在广州老西关第十甫路的“杏花楼牛奶甜品店”。陈小汉妻子曾在这里工作。

④ 指广府驰名甜品“双皮奶”。

我就只剩下三十多元生活费，就算每天睡上二十四小时，我也没有条件增加营养呀。全靠那杯奶皮稍微补充些营养。那时我只能吃面饼——“鞋底饼”①。

崔振强：就是碱水面。

陈小汉：是的，最重要的是拿些酱油、熟油拌好它，再加少少味精。我捞面最在行了，专家来的啊。

崔振强：呵呵呵。

陈小汉：那时最出名的是“双桥牌味精”。

崔振强：是的，20世纪80年代初出品的广州“双桥牌味精”。

陈小汉：是的。没有味精就没有味道的。所以我是曾经寒透骨②的人，虽然现在我好像生活得多姿多彩，但我还是那个曾经挨出来的陈小汉，无论是精神上还是身体上。因此，我把钱看得很轻，最重要是一个“情”字。

崔振强：是精神上的富足。

陈小汉：是的，对单位也是有情的。自从1957年1月5日回来参加工作，到现在一直都是在同一个单位。那时七叔叫那个新来的导演争取我回内地观光，但要办好多手续才行。回来后，贤哥③知道我是英国籍的，就说不要从香港回来了，从澳门回来更方便。随后就吩咐他的助手刘恒安排，由“汉叔”唐汉接我回内地。这些事情还都历历在目，我们回来观光嘛，一批老艺术家。当时我的师兄“基哥”区少基、胡迪醒劝我说：“阿B，你回来吧。”我就真被打动了。那时还想争取“娟姐”罗丽娟④回来的，但她要求的待遇比较高，政府觉得给不了，就没再去争取了。其实我就是这样回来的了，很有意思。

---

① 指解放面制品厂出品的碱水干面饼。因其是椭圆形，像鞋底，故称“鞋底饼”。

② 形容很落魄，有物资很匮乏、饥寒交迫、生命力弱之意。

③ 指澳门著名爱国商人何贤。

④ 罗丽娟（？—1999），香港粤剧、电影演员。

崔振强：对啊，一眨眼就……

陈小汉：大半个世纪了，一直都是在同一个单位，所以这个"情"很重要，我的唱腔特色也是"因情造腔，腔随情转"，是指和观众的情哦，所以我最近这次的演唱会主题也是"一音一律总关情"，有"情"的存在，就有人物的存在。在香港大会堂举办的演唱会，台下观众反应热烈，我也很感动，因为他们是全情投入地去支持你的，那你应更全情投入地把"情"返还给观众，那才是情景交融。我们以前很辛苦地挨，上山下乡演出，也没有埋怨过一句，因为知道面向的是劳苦大众，是我们的衣食父母，明白是在什么位置上为观众服务。我觉得人都是清清白白地来，更需要清清白白地走，最重要的是对社会有好的贡献，在社会上有个好的声誉，在别人的心目中，有个好印象，不要鄙视别人。早也走，迟也走，能开心我就开心。

崔振强：最重要的是保持一个良好的心境和心态。谈了这么久，我又想回到之前的话题。其实你刚开始学艺的时候，你有没有拜过什么师父呢？

陈小汉：后来就是薛觉先，我恩母有培养我。我以前在戏班中的前辈全部都是我师父。

崔振强：有跟老爸、老妈学过吗？

陈小汉：没有。我对爸爸没什么印象，对妈妈的印象也不太深，我妈妈去世得早，是在美国夏威夷去世的。我有一张照片，是她抱着我拍的。我对我爸爸的印象也只停留在照片上。我爸也有很多资料的。

崔振强：其实你很小就一直跟戏班，一直过来。

陈小汉：是啊，还有胡迪醒、区少基、七叔他们。

崔振强：哦。那时间过得真是很快，今天这样一聊才发现原来一眨眼就过了那么多年了。

陈小汉：是啊。

崔振强：今天非常感谢B哥和我们聊了那么多，让我们了解了很多故事，也让我们了解到以前粤剧究竟是一种怎么样的形态。

陈小汉：不客气，不客气！

崔振强：在这里，再一次衷心祝愿B哥你保持好的身体，继续为我们粤剧创造更多的东西，也很希望有机会多跟B哥学习。

陈小汉：好好好，切磋、切磋。

崔振强：好，谢谢！

陈小汉：谢谢！

陈小汉（前排）与《访谈录》编务组工作人员合照

访谈感悟

每次见到陈小汉老师，都会因他雅人深致、惊才风逸的气质想起他扮演范蠡时的风流倜傥、俊逸儒雅。

陈小汉老师的一生离不开“情”。艺术上，陈老师无论在唱腔、表演等方面都十分用情，他所创的B腔也是围绕着一个“情”字，以情带腔、以腔传情、腔随情转、因情造腔。“一音一律总关情”正是B腔的精髓所在。生活中，陈老师最看重的也是一个“情”字，对家人和身边的人总是情真意切、关爱有加，也总会听到他亲切地对着同行的兄弟喊一声“手足”。正如陈老师所说，他曾经是寒透骨的人，虽然现在事业有所成就，但无论是在精神上还是在身体上，他还是那个挨出来的陈小汉。陈小汉老师就是这样一个不忘初心、重情重义之人。

陈小汉老师一生起起伏伏，耄耋之年的他看尽人生百态，尝尽酸甜苦辣，有着“宠辱不惊，看庭前花开花落；去留无意，望天上云卷云舒”的处世态度。此淡泊平和之心境、豁达大度之心态是我们后辈学习的典范。

梁嘉琪

访 问 日 期：2014年6月19日
访 问 地 点：广州粤剧大院
受 访 者：潘 璠
笔录及整理：区子珩

『闻歌寄意寓丹青』

——潘璠访谈录

潘璠，广东南海人，1939年在澳门出生。粤剧舞台美术设计师。

1960年，他通过考试进入广州粤剧团当艺术学员，跟随南佗、林飞等舞台美术设计名家学艺。

1966年，潘璠正式成为舞台美术设计师，先后为《劈陵救母》《南越王后》《金陵残梦》《白毛女》《魔水之恋》等剧目设计布景，一直是剧团舞台艺术工作的主要骨干。其中《金陵残梦》获得1993年第五届广东省艺术节舞台美术设计一等奖、1995年广东国际艺术节舞台美术设计金奖，被中国戏曲学院舞台美术系作为教学资料收藏。

现为中国戏剧家协会广东省、广州市分会会员，曾任广州市文联艺术委员会委员，广东省舞台美术学会理事、副秘书长。

何　车：你好，潘老师，见到你十分高兴，我应该在“文革”前就认识你了。

潘　璠：很久了，有很多年啦。

何　车：哈哈，但是我应该是在1986年才与你在具体工作上有交集。我向来都知道你的艺术思想比较超前，又肯钻研。潘老师，你为什么会入粤剧行呢，又是什么时间入行的呢？

潘　璠：其实好多人都不知道我是怎样入行的。

何　车：很多同行都想知道。

潘　璠：我在1960年8月到恩宁路舞台工厂报到，正式成为粤剧行的一分子。

何　车：正式踩入这个坑中，哈哈。

潘　璠：是啊，一踏进来就出不去了。我本身是在石岐长大的，读完了初中，就在街道办事处下面的一间民营瓶塞厂工作，制作暖水壶的瓶塞。那时因自己比较年轻，加上有初中文化，就做了个小小的班长。

何　车：那时算是有文化的了。

潘　璠：组织上发展我成为共青团员。我在读初中的时候就很喜欢画画了。平日我很关注报纸上的新闻，我记得当时在《南方日报》上刊登了广东粤剧院招收舞美学徒的消息。我就报了名，想碰下运气。不久我就收到了录取通知书。收到通知书后，马上就要办迁户口的事，这些事很不容易，是十分麻烦的。很多人拿着剧院开的证明去办都办不成。我上午拿着录取通知书去派出所办手续，把它交给一个女警员，然后下午我再去派出所碰到另一个男警员，我就撒了个谎，我说：“我已经交了几天的了，到现在还没有消息，你们不要拖着不办啊。”结果他立即给我办了。

何　车：哈哈，可能在你的档案中都没有坦白这件事呀。

潘　璠：没有！只是今天对你坦白了。办完之后我就马上拿着这份户口迁移证明对我妈妈讲：“我连夜就要走的了，如果被派出所发现我说谎，会抓我回去的。”当时我只是穿着一对木屐，拎着一个小藤箱、一个水桶，就赶去搭“花尾渡”[①]了。

何　车：“花尾渡”是夜晚开，早上到广州。

潘　璠：是啊，早上四五点钟就被船工赶上岸，上岸之后，我拿着地址，由于不认得路，只好坐人力三轮车去到恩宁路。剧院的门房叫阿荣，人人都叫他“跛手荣”，他一见到我，就问我什么事。我说我是来报到的。他叫我先坐一会儿，后来见到人们陆陆续续上班了，他就带我去办公室报到，我就这样进了粤剧行了。

何　车：见到你那张录取通知书就让你进粤剧院了？就这么简单？

潘　璠：是啊，当时住在靠马路的二楼，睡双层床。做学徒时的生活到现在都好难忘。

何　车：当时一同进来的还有哪些人？

潘　璠：在市剧团有老松，他是由演员转成舞美的，还有郑坚、黄淑仪等，省剧院有梁三根、冯家安。

何　车：三根都是你们那班的？

潘　璠：都是这批的，后来因为省、市剧团“分家”而分开。

何　车：是在1960年底“分家”的。

潘　璠：是啊，那时洪三和、何碧溪、南佗三巨头[②]，做我们的老师，南佗属于市团的，另外两巨头就是省剧院的。我是跟南佗学的。他们是靠长期实践积累经验，但没有什么理论基础的舞美师，我只不过是跟他洗洗颜料钵，做下其他事。在他创作的过程中，就凭自己的悟性去领会了。晚上，成班学徒就在所谓的设计室里画石膏像，直到深夜两三点钟，那时大家都非常勤奋。假日休息时，就到泮塘[③]写生。

何　车：那时有写生都算是有理论基础训练了。

① 20世纪20年代末，珠江下游的主要水上客运工具。

② 洪三和、何碧溪、南佗是当时粤剧舞美设计中最具代表性的三人。

③ 泛指广州城外龙津桥以西的大片郊区，现在是广州西关著名旅游景点。

潘　璠：是老师带我们去的。

何　车：那就不是纯粹简单的口传身授了。

潘　璠：我们每月有少许业务费让我们去买书、买纸、笔、墨。我们的起点生活费是十八元。

何　车：我们演员也一样。

潘　璠：第二年是二十元，那时学员期限是五年，我们就是这样走过来的。

何　车：你从画画做到舞美设计，后来你搞设计，有没有进过专门的艺术院校进修？

潘　璠：没有。

何　车：都是靠自学？靠在实践中提高？

潘　璠：在市团，只有谢伯雄去过进修，我们这批人在市团就没有专门去进修的。

何　车：我想向你打听一个人，现在很少有人提起：冯雪峰，那时他是做什么的？

潘　璠：我们来到的时候，他是舞美设计，是剧团几个设计之一。他可能是经历了几次政治运动。

何　车：他好像是“右派”。

潘　璠：是啊，所以他说话很谨慎，我们起初都不明白。他的书法和水彩水平都不错的，舞美设计水平就较一般。

何　车：那时候我就不明白怎么做舞台设计都会是“右派”？

潘　璠：后来他出国去了，一生的经历都好坎坷，我们接触得比较少，没有怎么问过他的事情。

何　车：估计我和他交谈的次数比你还多。

潘　璠：这不奇怪。

何　车：那时我还年轻，住在宿舍，他可能比较孤独和郁闷，没有人和他聊天，就找我和他打乒乓球，他的乒乓球打得不错。

潘　璠：在那个时候，好多人都自顾不暇，生怕会惹事。

何　车：1986年我曾经向你学习，导演现代戏《魔水之恋》。

因为我是上戏[1]出来的，我同你有一种默契，有共同的艺术语言。舞美设计从戏曲上分类，有写实的、有写意的。粤剧发展到现在，你认为哪一种风格的舞美设计是最适合粤剧表演的呢？你有好多作品，有现代戏、古装戏，我看你的一些作品，风格比较写实和华丽，但排练《魔水之恋》的时候，我的意念是抽象的，但我觉得你能够理解，你用几块可以透光的布条，使舞台完全充满了假定性和写意性，应该讲这是一种非主流的舞美设计，为什么你会有这样的创作构想呢？

潘　璠：我入行以来，不断巩固自己的素描、色彩基础，提高自己布景绘画的技巧，因为布景绘画与一般绘画不同，需要另一种技巧，而且在理论上我需要提高，所以我一有时间就会去书店，买一些适合的书来看，或者订一些专业的杂志，那时候订了武汉美术学会定期出版的杂志，里面汇集多方面的理论，集思广益。

谈到粤剧舞美，就有一些矛盾了，观众喜欢的是传统的那一套，就像洪三和、南佗他们设计的那一种类型，而他们的设计是要求在每个地方都表现得富丽堂皇。在香港，我和雏凤鸣剧团合作过很多戏，例如芳艳芬的演唱会就是我担任舞美设计。他们的舞美要求都是前面讲的那一类型，只不过是要将道具做得更加细致，力求做到好像上海越剧《红楼梦》的水平。所以我们的演员、领导、导演都喜欢华丽的服装和漂亮的舞台设计。什么都追求华丽，迎合观众的需要。

在广东艺术节的时候，就要发挥自己真实的艺术水平来进行创作，平时就深藏起来，要用的时候就尽情发挥出来。《金陵残梦》这部戏是北京的导演执导的，他与我合作，首先向我提出要求，然后我根据他的要求提供设计图，前后修改了两次。其中最重要一环就是灯光设计，是“战话”[2]的灯光设计，如果是市团的灯光设计，水平是达不到的。灯光对于舞美设计是非常重要的。

① 指上海戏剧学院。

② 指广州部队战士话剧团。

何　车：1986年开研讨会的时候我曾经讲："市团暂时未有一个合格的灯光设计。"以《魔水之恋》为例，这部戏非常依赖灯光设计，演出没能达到我想要的艺术效果。灯光与舞美息息相关，离开了灯光，舞美就会平面化，缺乏立体感，不能表达舞台的写意性。记得1987年初跟你合作的《唐宫恨史》第一场"天宫"的大画，当时好几个团都使用这幅画，后来广东省内很多粤剧团都仿效和借鉴。

潘　璠：为什么会这样呢？

何　车：哈哈，一是画画得好；二是因为泛用性强，很多戏都能够用得上。我个人认为戏曲艺术是一种互相协调的类型性艺术，其中包括唱腔、表演程式、服装、化妆，以及布景的协调。所以一部戏中既要有通用性的东西，也要有自己的创作特色，而你的艺术特色又是什么呢？你是广东省舞台美术学会副秘书长，那个时候刘尚智应该是秘书长。

潘　璠：刘尚智是专职的秘书长，这个时候舞美学会就是靠梁三根、话剧团的赵森永和我等几个人支撑。

但是我们的行政经费十分缺乏，开展不了什么活动。最厉害是赵森永，他的老婆是搞化妆品的，所以赚到钱，那段时间就比较活跃。由于这个原因，在新一轮选举中，就选了梁三根、赵森永等，其实我是滥竽充数的。

何　车：我查找过资料，你有一套设计被中央美术学院整套拿去作为教学资料，中戏[1]拿你的作品做教学资料参考。估计在粤剧行内没有几个人能这么厉害了。

潘　璠：是《金陵残梦》中"金殿"那一场，这个戏的设计图都被他们拿去了。当时全国舞美展就展出了我的两个戏，一个是《金陵残梦》，另一个是《南越王后》。中戏教科书上的是《金陵残梦》的设计图，选进去后，又发了一张收藏证给我。这些都是"明日黄花"了，哈哈。

---

① 指中国戏曲学院。

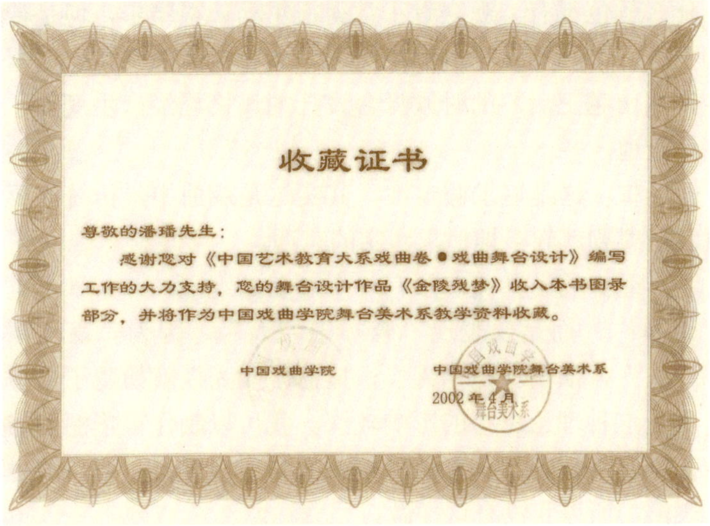
收藏证书

尊敬的潘璠先生：

感谢您对《中国艺术教育大系戏曲卷●戏曲舞台设计》编写工作的大力支持，您的舞台设计作品《金陵残梦》收入本书图录部分，并将作为中国戏曲学院舞台美术系教学资料收藏。

中国戏曲学院　　中国戏曲学院舞台美术系

2002年4月

由中国戏曲学院颁发给潘璠的收藏证书

讲到传统问题，省剧院就走另外一条路。因为他们经济实力较好，而且对艺术比较专注，所以跟我们市团的追求不一样。我们走的是“万金油”①路线，主要是受制于经济实力，市文化局的投入也不大，剧团要压缩开支，我们只有走这条路。一幅“金殿”大画景，可以用在多个戏中。记得当时我进入剧团不久，就要“上山下乡”，南佗为此专门设计了一套道具，可以用作箱子，但是拼合起来又可以是床，还可以做椅、做枱。他的机关布景②很有名，哈哈。那时候我为一个戏的设计请教过他，他说：“只要变换方向，就可以变成另一样道具了。”当时省市舞美界都批评他是粤剧“自然主义”的代表，重点批判他的现代戏《崇高的职业》的舞美设计。其中有一场要表现海珠桥，我们都知道海珠桥晚上就有很多灯光，他就在布景上留空，在上面添加灯

① 广府俗语，比喻什么都不算精通，但什么都懂一点，什么情况都能应付，就像万金油一样虽有很多用途，但没有明确的功效。

② 中国戏曲舞台的一种布景形式，以表现离奇景象和迅速变换场景为特征。

珠，什么颜色都有。观众看了觉得很生动、很精彩，但是专家就认为不行，批判这是“自然主义”。到我搞《魔水之恋》《金陵残梦》《南越王后》的时候舞台设计的风格已经产生变异了，算是离经叛道。

何　车：这是追求假定性，其实这是戏曲中最传统的要素。不过我们粤剧就较多地追求写实的东西。

潘　璠：关于舞美布景有一个著名的观点——布景不是要表现“森林”，而是要表现“森林中的人”。因为“森林”会掩盖了“人”，演员就是“人”，掩盖了“人”就妨碍了演员的表演。我受这种理论思想的影响较深。我可以制作很华丽的布景，甚至像剧院那样使用荧光色，但打上灯光后就抢了演员的光，妨碍了表演，所以我没有这样做。

何　车：剧院的确比较喜欢这种设计。

潘　璠：观众起初看会觉得很新鲜，但是时间长了，就会觉得刺眼，这样就看不到演员在舞台上的表演了。

何　车：对了，如果过分华丽，观众都不知道是欣赏布景还是看演员做戏。

潘　璠：因为服装本来就很华丽，如果布景搞得太华丽，就把这些都盖过了。地方戏曲就是要看演员表演，看演员唱戏。

何　车：这既是一个道理，也是一个矛盾之处。站在我的角度来看，搞舞美其实是一件很痛苦的事情，因为要受制于人。舞美设计人员必须要和导演等诸部门合作，条条框框比较多，这个过程就像“绑着双手跳舞”。

潘　璠：经常都会碰到这样的问题。我最难一次就是与红线女合作。当时她排《春草闯堂》，是红虹准备去新加坡演出的戏。我负责舞美设计，风格比较简约，很像《魔水之恋》，因为去新加坡不能携带太多物资。搞了好几个设计方案红线女都说不行，结果还没有定论，红线女就去了北京参加人民代表大会。那我应该怎样办呢？出国的行程已经定了，不能等她回来再拍板，那我只好问谢雪筠和李锐明，她们一个是导演，一个是剧团领导。我说："女姐不在，你们必须拿个主意。"她们最后同意了我的方案，就这样通过了。其实如果完全按照红线女的思路，就会约束了设计者的艺术构想，打压了创作空间。

还有一次是现代戏的舞美设计，场景是农村生产队的办公室。这样的场景只能画白灰墙，但是领导要求涂粉绿色，认为这样才漂亮。我认为这样的表现是脱离生活的，一个农村生产队的办公室是不可能涂粉绿色的。但那时我刚刚做设计，只能够屈服于他的决定。

后来吴颂强[①]负责《金陵残梦》的排练，我接到剧本后，他为我出了很多点子，但是我主要还是听导演的意见，要提供资料给他，我俩共同目的是突出演员的表演。所以在《金陵残梦》的设计中，我基本上每一个景都用一幅画来表达，当时梁三根跟我说："这届艺术节舞美设计一等奖，你的票数最高。"参加评选的评委包括导演、演员、音乐师，票数最高即是大家都认同我的设计，所以我很高兴。

何　车：当然值得高兴啦，对于艺术创作者来说，这是一种成就。

潘　璠：但是我又得罪了曾石龙，他是文化局局长，我无意中得罪了他。市文化局开会表彰我们这些得奖者，我得到了一千元奖金，我全部拿来请大家食饭。他上台要和我握手，但我却不知道，领完奖之后就下台了，可能是得罪他了。

何　车：这样不算，那个时候好几任局长跟我们的关系都不错，他应该不会放在心上的，哈哈。

你在粤剧团搞艺术设计最少有四十年了，在这个过程中，你曾与很多位导演合作，有外地的，也有本地的，还有像我这样初出茅庐的新手。在你印象中，你觉得哪一位比较容易合作？

潘　璠：我的确曾与很多导演合作过，我一般是尽量满足他们提出的要求，基本上大家都比较和谐合拍。但和陈少梅导演合

① 吴颂强，时任广州粤剧团党总支书记。

作就可能有少许难度，可能她的艺术要求较高，原因很难表述。

何　车：导演有要求，剧本有框架，如何在这个总体限制下突出你的艺术个性呢？我看过很多由你设计舞美的戏。导演看戏是很挑剔的，不单单看演员的表演，还要看哪个地方不足，哪里有错处，看完还要反思如果是自己排练那需要怎样做。所以我看你的舞台设计，包括我跟你合作的过程，总结出一点，关于如何看出舞台设计者是潘璠。我印象最深刻的是梁三根和你的差别，不是评价好与不好，也不是喜欢与不喜欢的问题，而是艺术风格上的区别。梁三根喜欢大写意，他设计的元素全部比较大，而你的着眼点则比较细致，从小处入手，所以我还没看说明书就已经知道这个舞台设计是出自你手。这种艺术个性是很难得的。其实导演也是一样，每个有追求的艺术家都有自己不同的风格。

潘　璠：其实当中有矛盾之处。后期有了服装设计，比如黄淑仪，她就是搞服装设计的。以前全部服装都是一个类型就一个样式的，不管是秦始皇还是汉武帝的服装都是如此，并无区别的。但是我认为搞舞美设计应该要有时代感，要突出不同的特点。从建筑样式到局部的图案，包括使用的器皿都应该有其特色。所以如果你没有深层次去做功课是不行的。未退休的时候，我手上自己买的资料都不少，后来不在其位，那就不谋其事了。把专业性的书全都送给别人了。我以前有建筑图案书、园林书，哪一类戏需要设计就找哪一类书，手上没有的，就到图书馆查找。

何　车：我觉得你现在说出了一个很重要的问题，给我很大启发。舞美设计与别人合作之所以有难度，原因在于舞美站在舞美的角度出发，希望还原历史的真实面貌。但是行内没有这个历史底蕴。例如，秦始皇的服装就应该是黑色的，这些属于比较专业的知识，搞舞美设计的有时就很难表述自己的意见。我们的一些艺术人员还有一个毛病，就是不愿意广泛涉猎以补充自己的知识。今次的访谈对后辈应该有所启发，使他们在这方面深入认识到，潘老师很仔细地做舞美设计，充分考虑舞台是否协调，除了画景需要与戏协调，服装与道具也要协调，还有演员的表演同样要协调，灯光、音乐也是，都需要和谐、互相协调、统一的风格。

你刚才介绍了两部自己做舞美设计的戏，哪一部才是你的代表作？哪一个戏受到客观限制最少，最能发挥你自己的艺术特色？

潘　璠：《金陵残梦》。

何　车：这部戏除了舞美设计，演员也是不错的，我曾经在电视节目上讲评过这部戏。你能否详细地说说你是从哪个角度入手创作的？总体的艺术风格是怎样呈现出来的？

潘　璠：导演有个要求，他喜欢斜平台，需要角色在上面上落，还提出布景需要简单一点。我就按照他的要求，力求形成自己的艺术风格。第一稿他不满意，我自己也不满意，第二稿大家都认为相对可以。但很多理念在这部戏之前都没有用过。就以“金殿”一场的场景为例，设置了一个平台，平台下面是斜坡，龙椅就放在平台上面，两旁站满人，后面就是一幅大的软画，内容就是选取《八十八神仙卷》[1]其中一个画面：一个皇帝和几名侍女挽着手出来。这样的设计跟以往有很大区别，把很多多余的东西都摒弃了；没有两边攏帐，而是用布带替代。在舞台

《金陵残梦》中“金殿”的场景设计手稿（上）及舞台呈现（下）

① 本名《朝元仙仗图》，它是一幅以卷轴画形式保存下来的壁画稿本。

上使用定位投光的灯光效果，表现出的人物形象和效果都不错。如果不是通过反复努力创作和筛选，那效果就不好了。这样的“金殿”设计，很多人都持反对意见。

何　车：学院派的导演会喜欢这种设计风格。因为你能够给予他舞台的空间，让表演有空间。从导演理论上讲，很多时候要用角色、人物做舞台支点来产生对称构图和平衡。所以刚才你所说的创作体会就表达了你在这部戏的总体舞美风格。我排戏时最怕就是舞台上摆放的东西太多，使舞台变得狭窄，这样就无法调度和变动。舞台调度其实和舞美设计有很直接的关系。

很多我认识的舞美设计，包括三根、新荣、谢伯雄他们都喜欢画画。

潘　璠：我退休之后，剧团要返聘我一年，谢伯雄希望我能继续帮帮忙。既然是这样，我就决定在剧团多留一年。但是这一年中没有什么事可干，自己觉得好像是游手好闲的。我开始学画国画，那是在2008年，开始画的时候，根本就不像国画，因为我以前画的都是工笔细画，接着画多了，自己逐渐揣摩，慢慢就有点国画的样子了，有了信心就继续画下去了。有一段时间我在画雄鹰，我希望下辈子不用做人，因为做人太辛苦、太累了。哈

潘璠画的《遨游九天》（雄鹰画）

哈，雄鹰比较自由，是我所向往的生活，可以遨游九天，喜欢怎样就怎样。后来又不太喜欢这个主题，因为猛禽太凶猛了，不像我的性格，就转画丹顶鹤，寓意吉祥。

潘璠画的《与子偕老》（孔雀画）

现在就是画“高脚鸡”（孔雀），孔雀其实很难画，所以有名的画家都不喜欢画孔雀。画得太写意，孔雀就没有华丽的感觉，只有画工笔画，才能表现我心目中的孔雀，但画工笔画就比较费时，那我就用一半工笔一半写意去画。现在也算是小有所成啦。

何　车：你做舞美设计几十年，有没有开过个人作品展览。

潘　璠：没有开过。

何　车：与别人合作呢？

潘　璠：也没有。

何　车：那你准备开个人作品展览吗？

潘　璠：不开了。

何　车：为什么不开呢？

潘　璠：我觉得人活到什么年纪，就要去做什么年纪应该做的事，说什么年纪应该说的话，食什么年纪应该食的东西。个人作品展览作为人生艺术的集中展现，能了结我的一个心结，本来是应该开一个的，算是人生的一个总结吧。

何　车：我觉得除了画展，你还应该开舞美展。

潘　璠：舞美展我就不开了，画展我现在都不想搞了。

何　车：如果不搞，那真是一个遗憾。

潘　璠：我想我应该默默无闻地远离这个世界。

何　车：你不是默默无闻，你的名字在粤剧舞美界是如雷贯耳。我为什么要问你这个问题呢？因为我知道梁三根曾开个人展览，何新荣也开过。

潘　璠：三根现在都不画画了。

何　车：他现在做什么？

潘　璠：他写书法。

何　车：你除了画画，还有什么其他爱好？

潘　璠：听音乐！我是烟酒都不沾的。早上起来，先饮壶茶，食一只鸡蛋，接着就食燕麦片冲奶，加点蜜糖。

何　车：果然是养生之道啊。听什么类型的音乐呢？

潘　璠：我听的音乐类型很多、很杂。有听小提琴演奏的，交响乐就比较少听，因为要专注去欣赏很费神。我喜欢听流行曲，主要是一些经典老歌。我听音乐要求比较高，我需要歌词写得好，曲的旋律编得好，歌手唱得好的，有时候买张CD（激光唱盘）仅仅是为了听其中的一首歌。

晚上我一般不画画，不听歌，就喜欢看电影。我专门花钱买了一台大电视，五十五寸的。我已经七十多岁了，下一代如果有能力，就不需要我留下财富给他们；如果下一代没有能力，留给他们也没用。

何　车：顺带问问潘老师，你的儿子有没有跟你学习舞美设计？

潘　璠：没有。他没有兴趣，没兴趣就不要强迫他学，兴趣是最好的老师。

何　车：你儿子有没有经常探望你呢？

潘　璠：有的。这些事情不能强求，他是否探望你，由他自己决定。父亲节他约我出去食饭，我都没去了，因为天气太热了，况且食饭不一定要在父亲节嘛。

何　车：你现在的生活可以算是十分惬意了。

潘　璠：可以这样说，很多人都羡慕我的生活模式，无忧无虑的。

何　车：在敬老院是否考虑聘请护工照顾呢？

潘　璠：我不需要护工照顾，别人要替我搞清洁，我都不需要，因为这些事情自己都能够做。

何　车：我很羡慕你的心态。

潘　璠：很多人拿得起，放不下。我们剧团有两位老人家，整天问我养老院的情况：有没有位置，收费如何等问题。我跟他说："你应该入来，你和老伴都八十多岁了。"养老院内的公园是目前全国最大的，如果要坐轮椅，那里有电梯，生活比较方便。如果你还住在西关的住宅，对着四面墙，窗口还加上防盗网，就好像监狱一样，那生活就没有意思了。

何　车：的确很多人很难跳出这个习惯的生活圈子和思想圈子，你比我大几年而已，我觉得我要向你学习。现在敬老院中有没有人开车的？

潘　璠：比较少，因为我在敬老院中算年轻了。很多人都是拿着拐杖，坐着轮椅，行动都不便。有的人更严重，不但坐轮椅，还插着输氧管。所以如果开生日派对问我有什么愿望的话，

潘璠（前排右）、何车（前排左）与《访谈录》编务组工作人员合照

我就会许这样的愿望：要在坐轮椅之前，安然离开这个世界。哈哈。

其实我不喜欢“长命百岁”。今天，我还跟别人说：“长命百岁看着后辈一个个离世，最后只剩下自己，这是一件很痛苦的事情。” 现代人的压力很大，孤单的人长命百岁一点也不幸福。唯有自己先离开，那就不用痛苦了。

何　车：与潘老师交谈的时间虽然不长，但学到很多东西，特别是对待生活，对生老病死的想法很有哲学意味。多谢你，潘老师。

访谈感悟

每一个人都有自己的兴趣和爱好，然而，并非每一个人都能够通过自身的努力把兴趣爱好运用到实践中发光发热。潘墦老师的经历告诉我们，他确实做到了。

潘墦老师自小就喜爱绘画，因为这个兴趣选择了舞美设计工作。他通过汲取前辈的艺术养分，刻苦自学成才。潘墦老师始终追求自己的艺术个性，在舞美设计创作过程中，注重结合每一个剧目所处的时代和历史背景，仔细推敲细节，风格细腻和谐、独树一帜。同时，他敢于提出艺术创作上的不同意见，坚持实事求是。这些都是值得我们年轻人在求知道路上学习的。

在整理访谈文稿的过程中，潘老师对待人生的态度令我印象深刻，对我很有启发。他并不害怕生命的结束，也不在乎名利与财富，只要能够活在当下，好好享受生活就足够了，这种乐观豁达的人生观正是他幸福快乐生活的源泉。

区子珩

访问日期：2015年4月27日
访问地点：广州粤剧大院
受 访 者：丁纪光
笔录及整理：冯 劲

『久病床前承孝子』

——丁纪光访谈录

丁纪光，广东东莞人。出生于粤剧世家，父亲是著名粤剧武生丁公醒。由于受到家庭熏陶和感染，在父亲的鼓励下报考广东粤剧院青年训练班，系统学习粤剧表演技艺。1970年到1979年在东莞粤剧团担任主要演员，其间与靓少佳和郎筠玉的女儿喜结连理。自1979年起，丁纪光调至广东省文化馆工作，直至退休，为群众文化事业做出较大贡献。后投身广东省繁荣粤剧基金会，策划和组织文化公园粤剧文化广场，继续为粤剧事业发光发热，现任广东省繁荣粤剧基金会秘书长。

1988年，仔姐郎筠玉演出时突发中风，瘫痪在床，丁纪光不辞劳苦、不畏艰辛，与妻子一同照顾、服侍岳母二十三载，一时传为戏行佳话。

何　车：今天很高兴请你到中心来。有个问题困扰我很久了，究竟应该叫你丁老师，还是师弟哥好呢？

丁纪光：哈哈，叫师弟就好啦。

何　车：今天我们在这里不用那么拘束的，就当闲聊好了。我没和你在同一个剧团合作过，你身兼两职。你是怎么入行的？是入读粤剧学校吗？

丁纪光：不是，我是考入粤剧院的。

何　车：你是剧院学员吗？“青训班”[①]？

丁纪光：是呀，在那里待了几年。

何　车：哦，即是1960年那时的青年剧团。正因为对你不是十分了解，所以想了解一下你从艺的经历。

丁纪光：我从小就受到父亲的艺术熏陶，因为我父亲经常在家里练功、排戏。所以后来，我读完初二，父亲就叫我去考粤剧院了。我1960年就考入了粤剧院，没多久就调去“青训班”了。

何　车：“青训班”的学员有两个来源：一是尖子，二是艺人子弟。

丁纪光：没错啦。“青训班”是一个很好的培养青年的地方。当时有两个培养粤剧青年的地方：一个是你们的青年剧团[②]，一个是“青训班”。

何　车：说起来，你爸爸有点偏心呀，你爸爸是市团的呀，还是团长，怎么又会叫你去考粤剧院呢？

丁纪光：我弟弟是考粤剧学校，我姐姐是考粤剧院。我们总共五兄弟姐妹，有三个进了粤剧这一行。

何　车：你排第几？

丁纪光：我排第二。我姐姐比我早入行，她当时是在广州市粤剧工作团。

何　车：哇！那是元老呀，是七叔那时的剧团呀。

---

① 指广东粤剧院青年训练班。

② 20世纪60年代组建的广州青年粤剧团。

丁纪光：是呀，她当时帮七叔化妆、扶七叔上舞台等等。后来省、市剧团合并后就进了粤剧院。我后期考入粤剧院时，她还在“青训班”。后来她就进了剧团。我在“青训班”大概待了两年，之后就进了二团，就是虾哥的团。领导当时安排我跟虾哥，那时还是实行分配制的。到了“文革”期间，我就去了英德的“干校”，在“干校”待了两年多差不多三年，接着就去了东莞剧团。我们那时一共二十六个人去，是人数最多的一批，而去湛江、开平、肇庆的都只是几个人。我在东莞剧团工作了八年。

何　车：你是哪年去东莞剧团的？1970年？

丁纪光：对，没错。在东莞剧团做导演，做演员，还要指导排练等。一直到1979年落实政策才调回广州。我当时有两个选择：一个是入粤剧院，一个是入省文化馆。经过考虑后，我选择了入省文化馆。因为我觉得，经过“文革”，我们这一代人的艺术黄金时期已经过去了。

何　车：没有吧，你那时也才三十岁左右吧。

丁纪光：不是啦，我那时都三十几岁了。如果一直在剧团里练功、深造的话，那情况会好很多。但是我们去了“干校”三年，又去了东莞八年，没有精力再去练功、深造了，所以我还是选择了去省文化馆，一直工作到退休。我刚去省文化馆是负责戏剧方面的工作的，工作了一段时间后，领导觉得我在行政方面发展比较好，因为我当时经常都会组织一些活动，后来我就做了办公室主任。

何　车：那是最辛苦的人。

丁纪光：是呀，在文化馆一干就是二十多年，一直到退休，从1979年到2006年。

何　车：厉害。老“群文”干部。你从文化馆退休后还继续发挥余热啊。

丁纪光：是呀，当时退休了，我觉得自己还有精力，应该找些事情做做。

何　车：不止那时，你现在还很有精力。

丁纪光：我退休时，繁荣粤剧基金会已经成立了一段时间，当时我就通过B哥，进入了基金会工作。我的想法是在自己精力允许的情况下，做一些自己喜欢做的事情。因为我一直都很喜爱粤剧，从小到大对粤剧都有一种感情。我当时就对B哥说："可不可以安排我进去基金会工作？"B哥说："进基金会工作没钱的啊。"我说："没钱我也做。"反正我退休在家闲着也是闲着，所以我希望做一些自己喜爱的事情。不久，省政协和基金会的领导都同意我去基金会工作。后来，一干就是八年。

何　车：那你在基金会是负责什么工作？

丁纪光：最初我是负责一般的工作。由于我自己的努力和认真的工作态度，很快就被提升为副秘书长了，一直干到现在了。

何　车：你的从艺经历十分丰富呀，做过演员，又做过群众文化馆工作。据我了解，群文工作真的很缺乏像你这样的人才，既熟悉业务，又具备管理能力。谈了这么多，我还是想回归本原。我看你越来越像你爸爸了，一举一动，举手投足都很似。

丁纪光：哈哈，是啊。

何　车：所以我想问你，在你的心里面，你对你爸爸的印象是怎样的？因为你演戏，不怕得罪讲一句，你多数都是演你爸爸演的行当。如果你演"老小"①的话，很惨吧？你这么高，花旦配不到你，除非是现在的高妹花旦啦。所以我觉得你进这一行，肯定是受你爸爸的影响。在生活上、艺术上你对你爸爸有怎样的印象？

丁纪光：我小时候经常看到我爸爸在家里练功、排戏，那时家里地方很大，我爸爸就在客厅和大家讲戏、排戏和谈工作的事情。我爸爸当时是武生，主要是唱功、功架方面的武生。我觉得我爸爸对工作是十分认真的，在社会活动方面也是十分活跃。

何　车：你爸爸做过八和会馆主席啊。我还有一张照片是和他在八和会馆合影的。

---

① 指小生行当。

何车（右二）与丁公醒（中）于广东省粤剧八和联谊会（八和会馆）门前合影

丁纪光：是呀，我爸爸这个人对社会活动特别关注。

何　车：对呀，他还做过艺术团团长。

丁纪光：是的，他做过市政协委员、区政协委员、八和会馆主席等。给我印象最深的是，他做八和会馆主席的时候无私奉献的精神。

何　车：是呀，做这些工作的确需要无私奉献的精神，对此我也颇有感触。

丁纪光：“文化大革命”后，八和会馆开始恢复工作。在三元里的八和会馆墓地是全国唯一的梨园子弟墓地，电视节目《今日关注》也报道过。当时要做这些工作是很艰辛的，但我爸爸不辞劳苦地四处奔波，那时做这些是没有钱收的，靠自己出钱出力去做，所以他的这种工作态度对我日后有很大影响。

何　车：在这方面，你也是子承父业啊。你爸爸的无私奉献精神，我有很深印象，当时省剧协派我去“八和”工作，所以有所了解。搞这些行会组织是很困难的，与现在不同，现在政府是明令支持的，但当时是非主流组织。那时叫“八和联谊会”。当时整个社会大环境与现在不同，人们对行会组织的认识还是不够，解放初期还曾经有过取缔“反动门道会”的时期，一般的中立性组织也都要接受审查，所以你爸爸搞行会组织一是要有相当的胆识、魄力，二是要有任劳任怨、无私奉献的精神。另外，我想问问，你在传承你爸爸的艺术方面有什么感想？

丁纪光：很遗憾，我在艺术上没能传承到我爸爸的东西。我当时在“青训班”学习，练的是翻跟斗，教我的是端叔[①]，基本功由姜世续、李运来等老师教，我都没学过做须生。“青训班”没有培养我做须生。

何　车：哦，做“老小”？

丁纪光：也不是，培养我做“小武”。那时姜老师很喜欢我，我和他的儿子姜永春一起跟他练功，他经常骂他儿子蠢，后来我从“青训班”结业，就去了剧团。

何　车：当时那批老师教的基本功还是很扎实的啊。对比现在的粤剧学校的师资力量，真是“一蟹不如一蟹”（一届不如一届），无论是责任心还是唱功、功夫方面。对了，当时谁教你唱功？

丁纪光：唱功很多老师都教过我。因为那时“青训班”会请很多名家来上课。

何　车：对啊，有时连广西壮族自治区的名家都会请来的。我最记得当时请过来教《六国大封相》的是韶关少达子[②]，广西梧州易日洪也来教过传统戏。当学员有个好处就是能够吸收粤剧传统的精华，有很多老叔父来教戏。

丁纪光：是呀，那时粤剧院也有很多老师过来上课的。

何　车：是呀，除了吸收传统精华，每逢外来剧种到广州表

---

① 指广东粤剧院武功跟斗老师梁进端。

② 少达子（1896—1976），著名粤剧武生演员。

演，两个青年团都会去观摩学习。我还记得裴艳玲[①]第一次来广州演出，还有一次是北昆，一次是天津“小百花”。一个是传统的，一个借鉴外来的，所以你们接触面是比较广的。你出生于粤剧世家，基础积累肯定比较多一些，这些对你后来的工作有什么帮助？

丁纪光：你是指哪方面？

何　车：肯定是艺术方面啦。你从“青训班”出来，入了剧院，之后又去东莞实践了那么久，你现在回过头看看，你能去省群众文化馆，是因为他们看中你的武艺底子。那时看中你不是因为想派你去做办公室主任的呀，所以应该讲你前面的基础对你后面的工作是很有作用的。

丁纪光：那肯定啦。我初进省群众文化馆时，也是负责做粤剧方面的工作，那时有个戏剧部。

何　车：对，没错。以前，省和市群众文化馆都有一个戏剧部，现在就没有了。

丁纪光：是呀，现在叫活动策划部，活动范围十分广了。我退休时就已经改了。其实我在东莞剧团工作是一个实践的过程，因为我所学的东西，在东莞剧团是可以发挥出来的，我可以做老师，可以做导演，可以做演员。

何　车：那时还有谁在东莞剧团，洪英武、黎小玉[②]？

丁纪光：是呀。我们二十多人一起去的。现在我们这批人全部都成为骨干了。我们回到剧院后，每个都是一级演员、一级音乐、一级掌板，例如蒋华燊、邓树荣、朱德坤[③]这些人。所以我觉得所学的东西在东莞是用得上的。

何　车：对，主要是实践的机会。你爸爸的演戏风格，你了解得比较多，哪个戏是你爸爸的首本戏？

① 裴艳玲，著名京剧武生演员。

② 洪英武、黎小玉均为当时东莞粤剧团主要演员。

③ 蒋华燊、邓树荣、朱德坤均为广东粤剧院乐队演奏员。

丁纪光：我爸爸有套戏是获中南汇演优秀剧目奖的，叫《潇湘秋夜雨》。

何　车：哦，在太阳升剧团时。

丁纪光：没错。我爸爸的表演一是靠唱功，二是靠功架。他是一个须生，即武生。当时我还小，很多东西不懂，就算去看戏也是去玩的，不是去学习的，所以对他的艺术认识不多。加上，我十几岁就离家了，那时在“青训班”学员是要住宿的，周六放假才能回家的，所以我们交流也比较少。

何　车：我不知道你的情况。那时我是这样想的：当学徒的时候，练了几天功，就自命不凡，看这个觉得不行，看那个也不行，特别是看那些翻跟斗的人。你家里有几个人都从事粤剧这行，你们之间有没有相互交流的？应该有吧？20世纪60年代初“文革”前，你有没有看过你爸爸的戏？看完有没有和你爸爸交流？

丁纪光：有看他的戏，但是没发表意见。因为当时还很小，还不懂戏，而且才十四岁，回到家也轮不到我说话。

何　车：那他有没有教你？

丁纪光：也很少。那时我还没有戏做，还在练功，还在成长。我进了剧院，他就很少理我了。

何　车：那你在东莞的时候，他有没有去看过你的戏？

丁纪光：也很少，因为远嘛，来过那么一两次吧。他来东莞是比较受欢迎的，他一来就在华侨大厦开房间给他住。那时我们已经演现代剧了。在东莞，我们多数都演现代剧。东莞的领导见我爸爸来，都很热情地接待。

何　车：所以说，你爸爸的演出风格、首本戏，对你的影响都不多。

丁纪光：是不多。因为我和他在一起的时间不多。小时候，我们还不懂事，后来去了粤剧院，就一直练功，在“青训班”时，一日要练三次功。

何　车：我在青年剧团时，煞科[1]还要回去练功，练翻跟斗。

丁纪光：总之，我爸爸知道我们勤奋练功就很少理我们的了，所以我和他的沟通交流就比较少了。再加上“文革”时期，他又受到冲击，团长那时属于“当权派”嘛。

何　车：当时这个是小儿科[2]了。

丁纪光：我们又去串联[3]，学当“造反派”，所以和他在艺术上很少接触。

何　车：我想问问你，你爸爸给我的印象是西南二伯父[4]、法兰西王，是一个老好人，他有没有打骂过你们呀？

丁纪光：有呀。

何　车：哈哈，我看他讲话慢条斯理，没什么脾气的。

丁纪光：不是的，他对我们很严格的呀。所以我们很怕他的。

何　车：你们三姐弟，哪个被骂的多一些。你弟弟？

丁纪光：都差不多。我姐练功都练到哭了，我当时看她练功学踩跷[5]，我爸在旁边监督着，她当时练到哭了。我们也怕他，当时他在外面演出，小孩子总是很调皮的嘛，一做错事，他演出回来，我妈就告状，我们就害怕。严重的话，少不了打一顿。

何　车：哈哈。你居然也有这些经历，他给我的印象是不会生气的呢。

丁纪光：也不是啦。我做错事时试过被他用藤条打到周身伤痕。

何　车：那时的人都有棍棒下出孝子，不打不成材的思想。

丁纪光：不过，他也是很疼爱我的，我姐不是他亲生的，我是他第一个儿子。他买了很多好东西给我玩。当时的同学都很穷的，

① 戏行术语，指戏演出完，后来引申为生活中某件事情完结。

② 原指医院设置的科室，引申为小问题、小意思。

③ “文革”时期用语，意思是全国各地的学生互相交流革命经验。

④ 广府俗语，西南二伯父——专做好人

⑤ 粤剧传统表演技巧。

丁公醒（中）与大儿子丁纪光（右）、二儿子丁纪明（左）

没鞋穿。我不是呀，我有保姆接送。他还买很大的玩具车给我玩。另外，有空时，他还带我们去海角红楼[1]去坐花艇、吃虾、吃艇仔粥，很开心啊。虽然他对我们很严格，但是他也很疼爱我们。

何　车：是呀，就像你对你的子女一样，中国人有这个传统。谈你爸爸谈得够多了。现在想谈谈你的岳母——仔姐。现在比较少人提她了，为什么郎筠玉会叫仔姐？这是比较奇怪的，"姐"就是女人之意，"仔"就是男人之意，究竟"仔姐"是男还是女呢？说起来还真是一段传奇。在剧院的时候，你和仔姐、佳叔应该早认识了，而不是你们夫妇结婚后才认识的吧？

丁纪光：认识，我在剧院时就认识他们了，但是他们不认识我。

何　车：佳叔和你爸爸一早就认识啦，他们经常一起开会，佳叔是总团长，你爸爸是分团长。

丁纪光：是呀，他们互相认识。但是佳叔就不认识我。

何　车：你认识仔姐是从什么时候开始的？我说的是艺术方面，不是私人关系。

① 坐落在珠江边，休闲、娱乐、游泳的胜地。

丁纪光：不讲私人关系的话，无从谈起。因为我在粤剧院认识她时，她是大老倌、大巴托[①]，她根本就不知道我是谁。我认识她，要从我调去东莞那时说起。

何　车：她去东莞教戏？

丁纪光：不是，她两个女儿都调到东莞。

何　车：哦，两个女儿都去啦。

丁纪光：对，小筠玉和我太太谭玉筠。我们那时是在大沙头坐船出发的。佳叔和仔姐就去送她们。

何　车：哦，佳叔也一起去。

丁纪光：对，送两个千金嘛。我们当时一看到大老倌就躲在一旁，怎么也没想到这两位就是我以后的岳父、岳母。我和太太在粤剧院时就认识了，但是那时还从未和她说过一句话。就是到了东莞之后，交往才开始多。

何　车：那时就认识仔姐了？

丁纪光：还没有，当时他们去送女儿，我知道她是仔姐郎筠玉。但是她不认识我。直到在东莞我和太太拍拖后才认识。

何　车：你们怎么会拍拖的？你那时多大呀？

丁纪光：我那时二十五六岁吧。

何　车：是因为工作时演对手戏才开始熟络的？

丁纪光：不是。我当时做演员，我太太则被安排去管道具。

何　车：哦，做杂箱。

丁纪光：对。那时一起在东莞剧团工作，接触得多就慢慢产生了感情。

何　车：哦，在东莞那边结婚？

丁纪光：是呀，1973年结婚。我们拍拖的时候，我岳母才刚刚“解放”[②]。

① 戏行行话，“巴”指“巴闭”，意思是威风有名，“托”有托起的意思，“大巴托”指剧团中名气大、起顶梁柱作用的担纲演员。

② 这里指郎筠玉恢复正常工作。

何　车：1973年才刚刚“解放”？1970年你们就“解放”出来了，最晚就是“干校”的人，到1972年或1973年才出来。

丁纪光：她后来知道我和她女儿拍拖，她很喜欢我。

何　车：那就是通家之好呀，大家知根知底。

丁纪光：是呀，她认识我爸爸。后来，她叫她女儿带我去见她。

何　车：哦，在昌华街[①]？

丁纪光：对。第一次见她，我很紧张的。她一见到我就带我行街，带我去行上下九[②]，说要送一条裤子给我。这件事我印象最深刻。

何　车：哦，好意头呀。

丁纪光：是呀。她叫我随便挑，喜欢什么布料，就叫师傅度身定做。

何　车：是呀，那时都是定做的，没有现成的裤子卖的。

丁纪光：她就叫师傅帮我度身定做。我说不用了，我有裤子穿。她说不行，一定要送给我。我就随便挑了一种料子。那条裤子一共花了五十多元。

何　车：很厉害呀，成个月工资啦。

丁纪光：是呀。我们那时一个月工资也才三十多元。我也不知道它那么贵，算上做工费之类的。

何　车：1973年，我一个月领四十三元工资。

丁纪光：我在东莞，工资有地区差异，我领三十八块多。那条裤子比我一个月工资都多啊。所以，我岳母真的是很“重手”[③]了。

何　车：哈哈，可能那时刚刚补发了一些钱。“文革”期间，是扣了她一部分工资的。“文革”期间，我工资只有二十多

---

① 位于荔湾区多宝路，靓少佳夫妇的住所所在地。

② 广州西关著名商业街，后来改为商业步行街。

③ 广府俗语，这里指舍得花钱。

块。后来政府给佳叔补发一些工资，给她补发一些工资，那就很不错啦。

丁纪光：从那时起就接触他们多些了。在我印象中，我岳母心地善良、平易近人，是一个好妻子、好妈妈、好姐姐。在我岳父生病的时候，虽然家中有保姆，她也要亲自下厨煲汤，做菜给我岳父吃，几乎每天都到医院陪伴我岳父，她自己带了个小电饭煲到医院，自己做点饭吃，带点小菜。

何　车：对呀，你家里当时是有保姆的呀。

丁纪光：主要是仔姐照顾我岳父。为什么我说仔姐是好家姐呢？她有五六个兄弟姐妹。

何　车：亲的还是堂的[①]？肥珠是堂的呀。

丁纪光：有些是同父异母的。

何　车：郎铁峰[②]是亲的。

丁纪光：是呀。还有郎必利、郎利利、郎美利[③]，其中一个是黄继谋[④]的老婆，还有一个是李天祥[⑤]的老婆。她很多弟弟妹妹的生活都比较困难。由于她当时很有名气，生活环境比较好，所以她很照顾她的弟弟妹妹。她会在经济上资助他们。据我所知，她还专门买了一套房，给他们住，就在恩宁路的福祥新街五号。当时五六个弟弟妹妹都住在那里，直到他们结婚才搬出去。所以我说她是一个好家姐，很照顾她的弟弟妹妹。

何　车：你岳父、岳母都是这样的性格。不知道这是不是受戏班人的性格影响，还是他们自己的性格如此。我记得当时在青年剧团，一餐能吃二十多个包子，学员们个个都吃不饱，就去找佳叔诉苦，佳叔先责骂几句，然后就给钱啦，多的时候会给三十

① 问是亲兄弟还是堂兄弟。

② 郎铁峰，郎筠玉的胞弟。

③ 郎必利、郎利利、郎美利均是郎筠玉的三位妹妹。

④ 黄继谋（1930—1994），广州粤剧团乐队领奏、音乐设计。

⑤ 李天祥（1919—2009），广州粤剧团五军虎、跟斗教师。

多元，三十多元差不多是他们一个月工资。他对下面的人真的是很好的。佳叔那时的工资也不是很高的啊，三百多元一个月吧。不如新中国成立初期他在“新世界”时的收入那么高，演一场都有六十元，按香港的说法：“要大晒，睇新世界。”[①]我记得鉴哥那时买一间屋也才五百多元，他演十场都不到就可以买一间了。那时，他们夫妻俩都很赚钱。后来，他做总团长时就没那么多了，因为他是二级演员，“马、红、罗、白”[②]是一级演员，工资才三百六十元，他是二级演员，自然就只有三百二十元吧。他的经济条件不及现在的百万富翁、千万富翁，但是他对下面的人真的是很好。我有很深印象：第一，佳叔有名“老爷佳”，慈眉善目、没什么脾气；第二，他乐善好施；第三，爱才。

丁纪光：他们两个都是这样。

何　车：仔姐我接触得少，佳叔我就接触得多。那时，我们在“太平南”练习翻跟斗，叠三张高枱练“云里翻”[③]，因为练功场太矮了，三张高台叠起来就差不多到屋顶了。而太平分局[④]的天井是通天的。佳叔刚好经过，在旁边观看，问：“这是什么跟斗呀？”佳叔听我们说后，就叫我过来说：“要小心啊，会出人命的。”因为我们曾经听过有两个跟斗死过人的。一个是“大翻抱柱”，“小百花”的一个人曾撞死在柱上；一个是“云里翻”，撞死在台角上。他真的在旁边一直看了很久，对我说：“后生仔，要努力啊。”还有一件事，可能你也不知道的。1967年的春节，他穿着一件棉袄坐在客厅，我和何家耀去探望他，走到二楼，我们刚叫“佳叔”，他就用手指指楼上，示意我们上楼上，他生怕连累我们。他心地的确很善良。我跟佳叔接触得最

---

① 坊间戏言，意思是新世界剧团阵容鼎盛、演出水平高，戏票、戏金价格不菲。

② 指马师曾、红线女、罗品超、白驹荣。

③ 粤剧跟斗的一种，在高台上双手抱脚踝腾空反向翻转一周，难度大且危险性高。

④ 指旧时太平南的警察分局。

多是他当“牛鬼蛇神”[1]时，我是“造反派”，负责看管他的，但不是批斗他，主要是怕他自杀，因为他曾经试过自杀。所以这件事反映出他心地真的很好，他不是先顾自己，而是先顾虑年轻人，不连累年轻人。

他关心后辈的艺术成长，为人乐善好施。我最近在翻看他的资料《靓少佳艺术六十周年》，里面有很多撞击我们心灵的东西，能够激起我们对这些前辈的敬仰之情。佳叔，我接触得比较多，所以我希望你说说仔姐。仔姐在艺术上对你有什么帮助？

丁纪光：仔姐在艺术上对我影响不多，但在做人方面对我影响很大。你刚才讲到他们夫妻俩很爱才，在这里，我想讲一个人，就是罗家宝。

何　车：哦，虾哥。

丁纪光：当时是“文革”后期，罗家宝还在牢里，未获得“解放”。我岳母知道罗家宝是粤剧界难得的人才，她很希望他能够出来唱戏。当时，罗家宝的家姐也来找过她，叫她帮忙想办法把虾哥放出来。我岳母很乐意帮忙。她当时为了让虾哥调出来，东奔西跑，找关系，不辞劳苦。当时我开摩托车载着她到处跑，找得最多的是欧阳山[2]。

何　车：当时有摩托车开，真是“高大上”啊。

丁纪光：是呀。去省文化局找郑达[3]。为了虾哥的事情，她跑了很多地方，所以说她很爱才、心地善良、乐于助人，她给我的印象就是这样。反而在艺术方面，她对我的影响不大，因为我在东莞，她在粤剧院。

何　车：其实你年轻时，应该有看过他们的戏啊。

---

① 此为政治概念，指黑帮、反动学术权威，后指称“地、富、反、坏、右”等“黑五类”，再后来主要指走资派、叛徒、特务等。

② 欧阳山（1908—2000），作家，代表作有《三家巷》《苦斗》等，时任广东省文联主席。

③ 郑达，时任广东省文化局局长。

丁纪光：是看过，但是那时不认识他们。只不过知道他们是大老倌、名演员，所以就去看了。就算是我岳父，我看他的戏也不多，也就一两套。

何　车：我也只看过一两套啊，因为出生得比较晚。给我印象最深的是珠、永、新[①]这三个班，我看得最多的是“珠江”“新世界”，“永光明”就看得少些，不知道是不是戏路不对的缘故。永光明就只看了《牛郎织女》。我看过“新世界”佳叔演的《赵子龙》《马福龙卖箭》。这两个戏给我的印象最深。

丁纪光：我也看过《马福龙卖箭》。

何　车：对于“珠江”呢，第一个看的是《梁祝》，因为当时《梁祝》“爆坟”[②]是一件很新鲜的事情。《梁祝》楼台会那场还未唱《山伯临终》。那时《梁祝》“爆坟”是很轰动的。第二个看的是《春香传》，我对这套戏印象最深。“珠江”的戏我看得比较多，当时有邹洁云[③]这些老倌。“新世界”就有钟声亮[④]呀，现在钟声亮的女儿还在唱戏。那时，我比较爱看他们的戏。如果能在艺术上得到他们的指点或者亲授，那么你在艺术上会更加上一层楼。回过头来看，你岳母病了多久？

丁纪光：二十三年啊。

何　车：所以，我想讲一句，你和你太太有他们两人的遗传啊。俗话说：“久病床前无孝子。”你要照顾一个瘫痪的病人，别说是二十三年，就算二十三个月都要命啊。那时她有没有意识？

丁纪光：有一点。

何　车：她能说话吗？

丁纪光：说不了。

---

① “珠”指珠江剧团，“永”指永光明剧团，“新”指新世界剧团。

② 当时《梁祝》一戏中创新了机关布景，《梁祝》的“坟墓”在戏中会打开。

③ 邹洁云，珠江剧团主要演员。

④ 钟声亮，新世界剧团主要演员。

何　车：你自己要工作，又要照顾家庭，上有老下有少，还要照顾这样的一个病人整整二十三年，所以我想你和大家说一下，你是怎么做到的？有什么艰辛之处？

丁纪光：你说的“久病床前无孝子”这句话，我不太赞同。因为现实社会中还是有很多孝子的，我在电视上也看过很多感人的故事。

何　车：这个是有。但也有那些和父母争家产的故事。

丁纪光：是呀。

何　车：为什么我要说这件事呢？因为我觉得报道出来的只是一些特例，如果整个社会都这样的话，就没必要报道了。报道的目的就是让人仿效、唤醒人们的良知，因为很多人不会这样做。我说的“久病床前无孝子”只是一句俗语。所以，我很想你向粤剧界，甚至是向社会分享一下你不为人知的艰辛。你们夫妻俩对着一个几乎没有意识的病人，是怎样熬过来的？

丁纪光：最重要一点是我对岳母有感情，如果你对这个人没有感情的话，你是做不到的。1988年广东省首届民间艺术欢乐节在东方乐园举行，我岳母在舞台上跌倒，就脑出血了。

何　车：哦，中风。

丁纪光：她当时做完手术，昏迷了二十多天才苏醒。她的生命力真是很顽强，当时监护室里有好几个病人，有比她年轻的，也有小孩子，走了一个又一个[1]。

何　车：这个先不从医学上说，一个人的意志力很重要，就是一个人的求生欲望。一个人的意志力是很重要的。

丁纪光：她醒了后就慢慢恢复了意识，但就一直瘫痪。我们当时没想到她能活二十三年这么久。

何　车：她是不是靠鼻饲[2]？

① 这里指同在监护室的病人一个接一个离世。

② 指病人不能进食，只能在鼻孔中插入导管引入营养物质，以供身体机能正常运作。

丁纪光：不是，她能吃东西。事实上，我们当时是很艰辛的。我们把她接回家后，就千方百计想治好她。

何　车：想让她重新站起来。

丁纪光：当时，我们的工资很低，我一个月只有五百元，我太太为了照顾我岳母就提前退休了，她一个月只有三百元。我们还要找医生给我岳母看病、打吊针，我们当时是很渴望她能站起来的，我们又找了盲人按摩师帮她按摩。我们当时很辛苦，后来为了给她治病，我们去做饮食业，开了间粥粉面档，想不到做得蛮成功的。

何　车：哈哈，是做得比较有名气呀，不过我可没有帮衬过。

丁纪光：当时我还要上班的，我太太就负责打理店铺，我一下班就开着摩托车去进货。焖牛腩是我的拿手菜。

何　车：对呀，不如找个时间去尝尝你做的牛腩啊。

丁纪光：哈哈，好呀，随时欢迎，不过最好天冷的时候。当时，整个粤剧院的人都喜欢吃我做的牛腩粉，一来就会点牛腩粉，很出名的啊。不过，就是比较辛苦。因为我白天上班，晚上要看档，好让老婆休息一下，一直做到凌晨一两点。

何　车：是呀，收档后还要算账。

丁纪光：我们一做就做了几年。这个档口我们是做得比较成功的，后来户主想拿回去自己经营了。我们又另想办法赚钱去治岳母的病。

何　车：你当时在剧院住？

丁纪光：我岳母没病前，很希望我们和她一起住的，那时我还没分到房子的。但是我拒绝了，我怕别人说闲话，说我想蹭她什么东西。后来她病了，我们就和她一起住了，我们照顾她。我老婆真的是付出了很多，她对她妈妈真是一片真心。岳母躺了二十三年，从来没长过褥疮。

何　车：很不简单。

丁纪光：是呀，她身上是没有异味的。

何　车：这很厉害呀。

丁纪光：是呀，很多人来探望她，所以我们要请保姆。

何　车：是呀，要两个人才能翻得动她的。

丁纪光：所以我们必须请保姆。请保姆是一件非常头疼的事情。

何　车：是呀，特别是请病人的保姆。

丁纪光：可能是我岳母积了德，找的两个保姆都是很不错的，一个叫四婆，在粤剧院打扫卫生的。四婆照顾了我岳母六七年，后来她老了，我们又找了一个清远的保姆，她比较年轻，很负责任，和我们相处得也十分不错，她也做了六七年。

何　车：做保姆也是不容易的，又要有力，又要有爱心。你对病人要有爱心才行，不能只是当成赚钱的工作。

丁纪光：这个最重要的。你请个保姆回来，如果她没有爱心的话就惨了。我们要求她每天都要为我岳母转身、擦身、按摩，这样才能保证我岳母不长褥疮、身上没异味。

何　车：她有没有一直吃药？

丁纪光：有啊。

何　车：阿沛[①]都有看过她呀。

丁纪光：经常啦。我们隔一段时间就会找医生上来看看岳母，医生认为她的心肝脾肺肾都没问题。

何　车：就是头部有问题。

丁纪光：是呀。这二十多年，我们过得很艰辛，但是我认为是值得的。她这么疼爱我们、关心我们，我们是要回报她的，做人就应该要这样。她没病倒前很多人去找她的，她经常和他们吃饭喝茶，但她病倒后那些人慢慢就疏远了。

何　车：肯定的了，“门前冷落鞍马稀”，这个可以理解的。

丁纪光：是呀，没什么人来看她了。

何　车：你岳母去世时应该有八十多岁了吧。

---

① 指黄仕沛，著名中医师。

丁纪光：不止呀，她去世时是九十一岁。她1919年出生的，1988年跌倒的时候也六十多岁了，然后躺了二十三年，去世时刚好九十一岁。

何　车：一直躺二十三年也是一件很痛苦的事情。你们照顾得真好，我见过一个例子，别说二十三年，只是二十三个月身体就什么都生齐[1]了。说句难听的，如果不是你们夫妻俩照顾得这么好的话，就算活着也是受罪。

丁纪光：这个也是。

何　车：躺二十三年不长褥疮不容易啊，就算坐二十三个小时也要长痱子了。广州的天气你也是知道的。这都是你们夫妻俩细心照顾的功劳，也是佳叔、仔姐夫妻俩善待人的结果。我听说仔姐去世时也不是很辛苦。

丁纪光：是的，她去得很安详。

何　车：这件事让我很佩服。粤剧界对这件事也是很敬佩。

丁纪光：是呀，很多人都知道。

何　车：特别是你的粥粉面档，声名传遍省港澳了。很多人粤剧节回来都要尝尝你的牛腩粉。

丁纪光夫妇与郎筠玉（中）、陈小汉（后排中）合影

① 指瘫痪卧床病人由于缺乏运动，容易生褥疮。

丁纪光：后来档主收回去自己做，我们就转做快餐，又做了几年。做快餐也很辛苦，快餐也有很多东西要搞的。

何　车：当然啦，隔行如隔山嘛。

丁纪光：但是我有一个优势，就是我喜欢做菜，喜欢钻研，所以我做的菜很受大家欢迎。我做快餐也很成功。

何　车：行啊。下次要去尝尝你的厨艺，我带酒去你家。

丁纪光：不用，我家有酒。

何　车：说点开心的话题吧，你现在是繁荣基金会的副秘书长，我最佩服繁荣基金会，不是因为你们出书或者其他什么的，而是在文化公园做了一件大好事[①]。当然啦，你们以前每年给老艺人发利是或者出书、搞聚会，这些都是好事。但是我觉得最功德无量的是文化公园的粤剧文化广场。这件事情是你们先起头的，后来振兴粤剧基金会等才加入一起做这件事情。

丁纪光：其实他们只是挂个名，具体做事的还是我们。

何　车：我想问两件事：一是你在繁荣基金会做这个工作时的指导思想，你是怎么策划做这件事情的？二是明年就是羊城国际粤剧节，繁荣基金会有什么大动作？

丁纪光：关于粤剧广场呢，不是我们构思的。我当时还没做副秘书长，这件事是由B哥策划的，找了朱小丹一起做，当时他还在市政府还没去省里面。他觉得文化公园是一个很好的平台。指导思想是搞一个粤剧文化广场让下面想演出的剧团有个表演的机会、平台，让粤剧更加繁荣。

何　车：其实粤剧是有这个传统的。以前红星剧场、群众剧场[②]等好几个剧场专门用于剧团表演，像江门、肇庆这些地方的剧团每年都会来的，他们一演就是好几场或者一个星期。我觉得这个就是一个传统。

丁纪光：当初的想法是不止搞粤剧文化广场的，更想恢复旧

① 指在文化公园开办粤剧文化广场。

② 以前广州文化公园内部的几个露天剧场。

时的文化公园，恢复溜冰场、电影院、讲古坛、象棋馆等，文化广场在西关是很有特色的。

何　车：还有个大飞机①，你坐过吗？

丁纪光：坐过。我去看我爸在文娱剧场演出时，我的叔叔就会带我去坐。

何　车：那时票价才一毛五啊。

丁纪光：是啊，很便宜。希望能够将文化公园活跃起来，后来就先建了粤剧文化广场。

何　车：做得很成功啊，现在连观众席也有顶棚了。

丁纪光：对于这个顶棚，当时有几个方案，从策划到施工到完成我都参与了。有一种造价二百多万元的顶棚，有一种造价要四百多万元，后来决定要更好的，就是现在这个了，花了四百多万元。

何　车：不错呀，让观众席有个遮挡，给群众文化提供了一个比较好的平台。那里的功能还是比较齐全的。

丁纪光：我们完成的效果很好，现在文化公园特别重视粤剧文化广场这个阵地，他们投了很多钱进行改造，前两年他们改造了后台化妆间，现在后台化妆间已经很漂亮了，不知道你有没有去看过。

何　车：有啊。我经常都会去看戏。

丁纪光：观众座位也全部换了，那个顶棚和舞台门面也全部装修过了，布幕、横条也全部换了，这里就投资了二百多万元。另外，灯光、音箱方面也不断地更新。所以现在粤剧文化广场越来越好了，文化公园的领导也十分重视。除了文化公园的领导重视之外，我们粤剧基金会也做了大量的工作，我们基金会是很辛苦的，有几个人长期在那里工作。

何　车：当时差不多一有演出，就见你到场了。你一个月中有半个月是在那里工作的吧？一个月有八场是由你们担纲的。

丁纪光：是呀，刚开始还不止八场，有十几场啊。

何　车：后来还有申请来演出的，你也要在场啊。你们是主

---

① 指安放在文化公园供游客游玩的飞机模型。

办单位啊。

丁纪光：是啊，所以说是不止八场的。做粤剧文化广场是辛苦的，所以要有奉献的精神。刚开始我们是没钱的，后来才有了一点微薄的补贴。一场演出补贴六十元，连我开车出去的汽油钱都不够。

何　车：打的的钱都不够啦。

丁纪光：还有如果有演出的话，就没时间在家里吃饭的，外出吃饭这些钱都要自己出的。所以补贴是不够我们开销的，这就需要我们有一种奉献精神。还有就是无论天气多么恶劣，只要有演出，我们都要到场。

丁纪光陪同红线女参加粤剧文化广场演出活动时与观众见面

何　车：哈哈，就算天上落刀仔你都要去。

丁纪光：是啊，所以不是那么容易的，一是身体要好，二是要有奉献精神。

何　车：是啊。你、郭英伟、小玲、阿媚[1]，你们几个都很辛苦。

丁纪光：媚姐做了一段时间就没做了，我们合作都很愉快。

① 郭英伟是广东八和会馆主席；小玲指苏小玲，现任广州市振兴粤剧基金会秘书长；阿媚是广州粤剧团演员薛杏媚。

何　车：她也很高兴。那你们今明两年有什么大计呢？

丁纪光：现在暂时没有什么大计划，主要是做《风云2003》，准备参加“五个一工程”的工作，我们要投入一些钱给他们搞演出，这个是有场次要求的，好像是五十场吧。另外，我们现在每年都会资助一些粤剧学校的贫困学生。

何　车：我也认识一些你们资助过的学生，他们当中有一些人继续从事粤剧工作，有一些已经转行了，不管怎么说都已经成人成材了。现在粤剧学校升格为大专了[①]。

香港八和会馆主席汪明荃带领八和粤剧学院学生到广州江南大戏院与广东粤剧学校学生交流演出合影（右起丁纪光、红线女、汪明荃、郭英伟）

丁纪光：是呀，和舞蹈学校合并了。

何　车：学费也贵了。现在叫舞蹈戏剧职业学院了。

丁纪光：是呀。

何　车：今天聊天的时间是比较短的，我还有很多东西想跟你聊的，不如改天，我去你家摸着酒杯再慢慢聊吧。

丁纪光：好呀。

何　车：谢谢你，师弟哥。我们改天再聊。

① 目前舞蹈戏剧职业学院毕业生具备大学专科学历。

丁纪光（前排右）、何车（前排左）与《访谈录》编务组工作人员合照

访谈感悟

有的人的爱是一阵子，有的人的爱是一辈子。我面前的丁纪光老师就是一位对粤剧爱足了一辈子的人。他出生于粤剧世家，父亲曾是广州粤剧团二团副团长，幼承庭训，喜爱粤剧便把一生都奉献给了粤剧。论粤剧的艺术造诣他可能名不见经传，但是论对粤剧的热爱，他可以说是不遑多让。他退休后，仍然把自己的精力无私奉献给了粤剧事业，投身繁荣粤剧基金会，从帮助粤剧老艺人到传承粤剧文化再到打造粤剧文化广场，凡此种种，不可胜数。在现实生活中，他也是一个情深义重的人，他不辞劳苦，无怨无悔地照顾瘫痪的岳母整整二十三个寒暑，这一份深情、这一份执着足以感人肺腑。在丁纪光老师的身上，我看到了平凡人的执着，看到了人性的闪光点，看到了他的赤子之情。正是：一生粤剧一生情，廿载待母在床前，无情戏子古来多，痴心丁郎盖难寻。

冯劲

后记

《粤艺访谈录》能够编撰成书，呈现于广大读者眼前，有赖于每一位接受采访的老前辈和老艺术家的理解、支持和配合。他们敞开心扉，情真意切地与我们分享一段段难忘的经历和往事。借此，让我们怀着崇高的敬意对他们致以最衷心的感谢！

本书以访谈形式收录了受访者的口述内容，同时配上富有历史印记的插图，翔实丰富，让我们能从多角度了解粤剧界过去的生存状况和发展脉络，对振兴和发展当今粤剧事业有一定的参考和启迪作用，同时有助于保护、传承粤剧传统文化艺术。

本次编辑出版工作得到广州市文化广电新闻出版局、广州市振兴粤剧基金会的关心指导和大力支持，一批经验丰富的老艺术家、专家学者携手广州粤艺发展中心的文化工作者怀着对粤剧深厚感情，在拍录、整理、撰写的过程中，不辞劳苦，使丛书编辑出版工作得以顺利推进。同时《粤剧大辞典》为编辑校对提供了有力专业的依据，在此一并表达最诚挚的谢意！